Lucia Santaella

SEMIÓTICA
APLICADA

Dados Internacionais de Catalogação na Publicação (CIP)

S231s   Santaella, Lucia.

        Semiótica aplicada / Lucia Santaella. — São Paulo,
    SP : Cengage Learning, 2018.
     240 p. : il. ; 23 cm.

     Inclui índice.
     ISBN 978-85-221-2642-2

     1. Semiótica. I. Título.

                                                 CDU   003.62
                                                 CDD   401.41

Índice para catálogo sistemático:

1. Semiótica 003.62
(Bibliotecária responsável: Sabrina Leal Araujo — CRB 8/10213)

SEMIÓTICA APLICADA

PUBLICIDADE
ARTE
MÍDIA
VÍDEOS
LITERATURA
INSTITUIÇÕES

LUCIA SANTAELLA

Austrália • Brasil • México • Cingapura • Reino Unido • Estados Unidos

Semiótica aplicada
2ª edição
Lucia Santaella

Gerente editorial: Noelma Brocanelli

Editora de desenvolvimento: Viviane Akemi Uemura

Supervisora de produção gráfica: Fabiana Alencar Albuquerque

Revisão: Setsuko Araki, Bel Ribeiro e Fábio Gonçalves

Diagramação: Cia. Editorial

Capa: Gabriel Cernic

Imagem da capa: Vadim.ivanchin/shutterstock

Fotos: Lucia Santaella e Bruno De Carli

Pesquisa iconográfica: ABMM Iconografia

© 2019, 2002 Cengage Learning Edições Ltda.

Todos os direitos reservados. Nenhuma parte deste livro poderá ser reproduzida, sejam quais forem os meios empregados, sem a permissão por escrito da Editora. Aos infratores aplicam-se as sanções previstas nos artigos 102, 104, 106, 107 da Lei nº 9.610, de 19 de fevereiro de 1998.

Esta editora empenhou-se em contatar os responsáveis pelos direitos autorais de todas as imagens e de outros materiais utilizados neste livro. Se porventura for constatada a omissão involuntária na identificação de algum deles, dispomo-nos a efetuar, futuramente, os possíveis acertos.

A Editora não se responsabiliza pelo funcionamento dos *links* contidos neste livro que possam estar suspensos.

Para informações sobre nossos produtos, entre em contato pelo telefone **0800 11 19 39**
Para permissão de uso de material desta obra, envie seu pedido para **direitosautorais@cengage.com**

© 2019 Cengage Learning. Todos os direitos reservados.
ISBN 13: 978-85-221-2642-2
ISBN 10: 85-221-2642-9

Cengage Learning
Condomínio E-Business Park
Rua Werner Siemens, 111 – Prédio 11 – Torre A – Conjunto 12
Lapa de Baixo – CEP 05069-900 – São Paulo – SP
Tel.: (11) 3665-9900 Fax: 3665-9901
SAC: 0800 11 19 39
Para suas soluções de curso e aprendizado, visite
www.cengage.com.br

Impresso no Brasil
Printed in Brazil
1ª impressão – 2018

Sumário

Apresentação da 2ª edição   XIII
Introdução   XV

Capítulo 1
Bases teóricas para a aplicação   1
1. O lugar da semiótica na obra de Peirce   2
2. A fenomenologia e a semiótica   7
3. O que dá fundamento ao signo?   12
4. A que os signos se referem?   14
5. Como os signos são interpretados?   23

Capítulo 2
Percurso para a aplicação   29
1. Abrir-se para o fenômeno e para o fundamento
do signo   29
2. Explorar o poder sugestivo, indicativo e representativo
dos signos   34
3. Acompanhar os níves interpretativos do signo   37
4. Questões para memorizar   41

PARTE I — NÍVEL ELEMENTAR
Capítulo 3
Análise comparada do design de embalagens   47
1. Considerações sobre os procedimentos de análise   47
1.1 As mensagens em si mesmas   48
1.2 A referencialidade das mensagens   48

Semiótica aplicada

1.3 A interpretação das mensagens	49
2. Apresentação geral das três opções de design	49
2.1 O rastro do brilho	50
2.2 As imagens do brilho	50
2.3 As metáforas do brilho	51
2.4 Elementos comuns entre as três opções	52
2.4.1 As cores	52
2.4.2 As linhas	52
2.4.3 Os sinais convencionais	52
2.4.4 A logomarca	53
2.4.5 A sinestesia	53
2.4.6 As relações entre palavra e imagem	53
2.4.7 O poder apelativo	54
3. O rastro do brilho é o rastro do gesto	54
4. As imagens indicativas do brilho	55
5. As metáforas do brilho	56
6. Considerações finais	57

Capítulo 4
O potencial comunicativo da publicidade:
um estudo de caso

um estudo de caso	59
1. Breves considerações sobre os parâmetros de análise	59
2. A campanha de reposicionamento do produto	60
2.1 Os valores interpretativos dos símbolos	61
2.2 As referências interpretativas dos índices	62
2.3 As evocações interpretativas dos ícones	62
3. Cenas de *Seda* em cenários da vida cotidiana	64
4. As embalagens dos produtos sob o domínio dos índices	66

— VI —

Capítulo 5
Análise semiótica comparativa:
embalagens de duas marcas de xampus   69
  1. Os três pontos de vista semióticos   69
    1.1 O ponto de vista qualitativo-icônico   70
    1.2 O ponto de vista singular-indicativo   71
    1.3 O ponto de vista convencional-simbólico   71
  2. O caráter das marcas   72
  3. *Seda* = programação visual didática   73
    3.1 O ponto de vista qualitativo-icônico   73
      3.1.1 Cores e imagens   73
      3.1.2 A forma   75
      3.1.3 A distribuição dos elementos no espaço   75
    3.2 O ponto de vista singular-indicativo   76
    3.3 O ponto de vista convencional-simbólico   76
      3.3.1 O padrão de distribuição da informação   76
      3.3.2 Um programa didático   78
  4. *OX* = programação visual sofisticada   78
    4.1 O ponto de vista qualitativo-icônico   78
      4.1.1 As cores e imagens   78
      4.1.2 A forma   80
      4.1.3 A distribuição dos elementos no espaço   80
    4.2 O ponto de vista singular-indicativo   81
    4.3 O ponto de vista convencional-simbólico   81
      4.3.1 O padrão de distribuição da informação   81
      4.3.2 Padronização sob inspiração minimalista   82
  5. Considerações finais   82

Capítulo 6
A semiose da marca Coca-Cola   83
  1. Análise do logo   84

Semiótica aplicada

2. Análise de Coca-Cola-Felicidade 85
   2.1 Cores 85
   2.2 Linhas, formas e movimentos 86
   2.3 Imagens e situações 87
3. A adição de valores na campanha "Abra a Felicidade" 88
4. Análise de anúncios de Coca-Cola Diet 89
   4.1 Cores 89
   4.2 As linhas, as formas e os movimentos do light 90
   4.3 Imagens e situações 91
5. Análise da Coca-Cola Zero 92
   5.1 Cores 92
   5.2 Linhas, formas, movimentos, imagens
   e situações 93
6. Considerações finais 94

Capítulo 7
A cerveja Itaipava sob um olhar semiótico 97
1. Embalagem 97
   1.1 Avaliação 99
2. Logo e ícone 100
   2.1 Avaliação 101
3. A comunicação emocional dos vídeos publicitários 102
   3.1 Avaliação 103
4. Comunicação funcional 104
   4.1 Avaliação 104
5. Material de PDV 105
6. Considerações finais 106

PARTE II — NÍVEL INTERMEDIÁRIO
Capítulo 8
Matisse: uma semiótica da alegria 111
1. Apresentação de Matisse 111

— VIII —

2. Experiência fenomenológica e fundamentos
   sígnicos da pintura 112
3. Nos interstícios da sugestão e da sinalização 116
4. Os objetos do *Interior Vermelho* 120
5. Os efeitos interpretativos do *Interior Vermelho* 121

Capítulo 9
A princesa Diana e a mídia: diferenças que fazem a diferença 125
1. O hiato entre objeto imediato e dinâmico 127
2. A realeza como legissigno simbólico 130
3. O índice engole a vida 132
4. Os ícones da arte *versus* os índices da mídia 133

Capítulo 10
A eloquência das imagens em vídeos de educação ambiental 137
1. Panorama introdutório 137
2. Conceitos semióticos básicos 140
3. A face da referência 142
   3.1 A que os vídeos se referem? Sobre o que eles falam? 142
   3.2 Como os referentes estão presentes nos vídeos? 144
      3.2.1 O modo qualitativo 144
      3.2.2 O modo existencial 146
      3.2.3 O modo genérico 147
4. A face da significação 150
   4.1 O aspecto icônico 150
   4.2 O aspecto indicial 153
   4.3 O aspecto simbólico 154
5. A face da interpretação 154
   5.1 O interpretante imediato 155
   5.2 O interpretante dinâmico 155
      5.2.1 A emoção e os sentimentos 155

Semiótica aplicada

5.2.2 A energia da ação	159
5.2.3 O conhecimento e a conscientização	159
5.3 O interpretante final	160

PARTE III — NÍVEL AVANÇADO
Capítulo 11
A fenomenologia e a semiose das instituições

A fenomenologia e a semiose das instituições	163
1. O estudo das instituições	164
2. Instituições à luz das categorias fenomenológicas	169
3. Da fenomenologia para a semiótica	172
4. Por uma semiose do conceito de instituiçâo	174

Capítulo 12
Por uma semiótica das emoções:
Medeia e o paroxismo da raiva feminina

Medeia e o paroxismo da raiva feminina	177
1. A raiva como emoção complexa	177
2. A raiva como um pecado capital	179
3. A estrutura sígnica da raiva	182
3.1 O fundamento da raiva	186
3.1.1 As emoções como legissignos	186
3.1.2 As instâncias da raiva	188
3.1.3 Os qualissignos da raiva	188
3.2 Os objetos da raiva	189
3.2.1 O objeto dinâmico	190
3.2.2 O objeto imediato	191
3.3 A distinção de ícone, índice e símbolo	192
3.4 Os interpretantes da raiva	194
3.4.1 Os interpretantes imediato e dinâmico	194
3.4.2 O interpretante final	196
4. Medeia: a raiva como vingança mortal	197
4.1 O enredo	197
4.1.1 Contexto prévio do conflito dramático	197
4.1.2 O conflito dramático	198

4.1.3 O plano de Medeia — 198
4.1.4 A resolução do conflito — 199
4.2 A ira como vingança — 199
4.2.1 Primeiro ato: o evento ofensivo — 199
4.2.2 Segundo ato: a raiva — 200
4.2.3 Terceiro ato: tentativa de controle — 201
4.2.4 Quarto ato: perda de controle — 201
4.2.5 Quinto ato: ato de retribuição — 201
5. A semiose da raiva de Medeia — 201

Capítulo 13
A semiose do sensoriamento remoto — 205
1. O que manchas na superfície oceânica
podem significar — 207
2. Que tipo de semiose se tem aí? — 208
3. Acréscimos à semiose básica — 209

Bibliografia — 211

Vídeos — 216

Apresentação da 2ª edição

Este livro foi escrito com a finalidade precípua de ajudar os estudantes na absorção e desenvolvimento da capacidade de fazer leituras semióticas de alguns dos processos comunicacionais que nos rodeiam. Processos que só funcionam comunicacionalmente porque são inseparavelmente processos de signos. Umberto Eco já declarou nos idos dos anos 1970 que não há cultura sem comunicação. Igualmente, não há comunicação sem signos. Portanto, o que trocamos e compartilhamos quando comunicamos são signos de todos os mais diferentes tipos. Lembremos, não há comunicação sem que signos entrem em cena. Quaisquer tipos de signos. Até uma lágrima, que corre de um rosto, já funciona como signo. O grito de um bebê, certamente, funciona como signo, em especial para a mãe sempre tão sensível às necessidades de seu rebento. Vamos ainda mais longe, qualquer pensamento, por mais vago que seja, já se constitui como signo para nós. Tanto é que ele será interpretado em um outro signo-pensamento instaurando aquilo que já se sabe, desde Platão, ou seja, que todo pensamento é dialógico por natureza.

Para sintetizar: não é possível pensar a comunicação na sua função comunicativa se ignorarmos que ela se constitui de signos, sempre uma multiplicidade de signos. Quando falamos com alguém, por exemplo, além do código da língua de que fazemos uso em nossa fala, existe uma pluralidade de outros signos que acompanham essa fala: o ritmo da fala, disparado ou pausado, as paisagens do rosto, com seus músculos tensos ou distendidos, o olhar claro ou sombreado, direto ou oblíquo, a gestualidade mais nervosa ou mais serena, a postura do corpo rígida ou distendida. Enfim, tudo aquilo que rodeia a fala e que leva o ouvinte ao sentimento da empatia ou da repulsa, mesmo que não tenha consciência clara disso.

Agora, olhemos ao nosso redor. Aquilo que costumamos chamar de natureza está habitado, recheado de signos por todos os lados. Não há vão, não há intervalo que o ser humano não tenha ocupado com signos. Da Terra, os signos agora migram para o céu, vem daí a análise, que foi introduzida nesta edição ampliada (entre duas outras voltadas para o marketing publicitário) sobre a semiótica das imagens de sensoriamento remoto que, dos satélites lá em cima voltam para a superfície da Terra para que possamos, por exemplo, perceber e ficar sabendo das extensões com que a nossa riqueza amazônica está sendo destruída neste nosso mundo de ganância capitalista.

Tudo isso para dizer que a semiótica não é apenas uma ciência a mais que temos que enfrentar em alguns cursos que tratam especificamente da linguagem e da comunicação, mas um campo de conhecimento que nos ajuda a compreender melhor o mundo ao nosso redor, uma compreensão que está forrada de relevância porque compreender melhor é certamente uma maneira de agir melhor, inclusive, agir mais eticamente na realidade em que estamos imersos, uma realidade que está muito longe de ser simples. A semiótica pode auxiliar um pouco nesse desbravamento da complexidade que nos rodeia e que, inclusive, está dentro de nós mesmos.

Lucia Santaella
SP, junho 2018

Introdução

O estudo das linguagens e dos signos é muito antigo. Embora a semiótica só tenha ficado conhecida como uma ciência dos signos, da significação e da cultura, no século XX, a preocupação com os problemas da linguagem já começaram no mundo grego. Fala-se, por isso, em uma semiótica implícita, que compreende todas as investigações sobre a natureza dos signos, da significação e da comunicação, e uma semiótica explícita, quando a ciência semiótica propriamente dita começou a se desenvolver (ver Nöth 1995). São várias as correntes da semiótica moderna (ver também Nöth 1996). Entre essas várias correntes, por razões que espero deixar claras no decorrer desta introdução, minha proposta de aplicação toma como base a teoria semiótica desenvolvida pelo matemático, cientista, lógico e filósofo norte-americano Charles Sanders Peirce (1839-1914).

Em todos os livros e mesmo artigos que escrevi sobre a obra de Peirce, sempre adverti para o fato de que sua semiótica não é uma ciência especial ou especializada, como são ciências especiais a física, a química, a biologia, a sociologia, a economia etc., quer dizer, ciências que têm um objeto de estudo delimitado e de cujas teorias podem ser extraídas ferramentas empíricas para serem utilizadas em pesquisas aplicadas. Ela não é tampouco uma ciência especial como são especiais a linguística e outras correntes da semiótica que partem de bases linguísticas.

Diferentemente de uma ciência especial, a semiótica de Peirce é uma das disciplinas que compõem uma ampla arquitetura filosófica concebida como ciência com um caráter extremamente geral e abstrato. Ela é um dos membros da tríade das ciências normativas – estética, ética e lógica ou semiótica –, estas antecedidas pela quase ciência da fenomenologia e seguidas pela metafísica.

Além disso, sendo um sinônimo de lógica concebida em um sentido muito lato, a semiótica tem três ramos. O primeiro ramo, chamado de gramática especulativa, é aquele que ficou mais conhecido no decorrer do século XX, pois é nele que são estudados os mais variados tipos de signos. O segundo ramo, chamado de lógica crítica, tomando como base os diversos tipos de signos ou modos de condução do pensamento, estuda os tipos de inferências, raciocínios ou argumentos: a abdução, a indução e a dedução. O terceiro e mais vivo ramo da semiótica, chamado de retórica especulativa ou metodêutica, tem por função analisar os métodos a que cada um dos tipos de raciocínio dá origem.

Um grande número de pessoas pensa que a semiótica peirceana se limita apenas ao seu primeiro ramo, a gramática especulativa, com as classificações de signos que ela contém. Para essas pessoas, as classificações lá estão para serem aplicadas a processos ou sistemas de signos concretos, tais como literários, publicitários, fotográficos, cinematográficos etc. Embora uma tal aplicação seja residualmente até possível, questão esta que discutirei mais à frente, nada poderia estar mais longe do que isso, da verdadeira natureza da semiótica de Peirce. Na realidade, Peirce dedicou toda a sua vida ao desenvolvimento da lógica entendida como teoria geral, formal e abstrata dos métodos de investigação utilizados nas mais diversas ciências. A esta lógica ele deu o nome de semiótica (ver Santaella 2001a: 114-126).

Nessa medida, quando vistas à luz das fundações filosóficas nas quais estão enraizadas, as classificações peirceanas de sig-

Introdução

nos não aparecem como meras classificações em estrito senso, mas como padrões que incluem, de acordo com Buczynska-Garewicks (1983: 27), todos os aspectos ontológicos e epistemológicos do universo sígnico: o problema da referência, da realidade e ficção, a questão da objetividade, a análise lógica do significado e o problema da verdade. Buczynska-Garewicks (1978: 3), uma das maiores críticas do uso da semiótica peirceana para estudos empíricos, ainda acrescenta que a teoria dos signos "é capaz de explicar e interpretar todo o domínio da cognição humana" [...]. Além de ser uma teoria do conhecimento, a semiótica também fornece as categorias para a análise da cognição já realizada. Com isso, ela também é uma metodologia. [...] "Infelizmente", completa a autora, "é moda aludir à semiótica de Peirce em geral, ou a muitas de suas categorias semióticas, sem uma apreensão mais completa de seu sentido profundo e multidimensional".

Na mesma linha de Buczynska, há um bom tempo, venho repetindo (ver, por exemplo, Santaella 1992: 47-51; 1993) que a arquitetura filosófica peirceana, de que a semiótica é apenas uma parte, constitui-se numa vastíssima fundação para qualquer tipo de investigação ou pesquisa de qualquer espécie que seja (ver também sobre isso Santaella, 2004).

Conclusão, se o escopo da semiótica filosófica de Peirce vai muito além de uma mera teoria dos signos em estrito senso, que justificativas posso apresentar para propor este livro sobre semiótica aplicada, no qual tomarei as classes de signos de Peirce justamente como ferramentas para a realização de análises de signos empíricos?

Em artigos já publicados (Santaella 2000b, 2006, 1998), venho desenvolvendo a hipótese de que os signos estão crescendo no mundo. Basta um retrospecto para nos darmos conta de que, desde o advento da fotografia, então do cinema, desde a

— XVII —

Semiótica aplicada

explosão da imprensa e das imagens, seguida pelo advento da revolução eletrônica que trouxe consigo o rádio e a televisão, então, com todas as formas de gravação sonoras, também com o surgimento da holografia e hoje com a revolução digital que trouxe consigo o hipertexto e a hipermídia, o mundo vem sendo crescentemente povoado de novos signos. Para compreender esse crescimento e o consequente crescimento do próprio cérebro humano, tenho considerado que a expansão semiosférica, quer dizer, a expansão do reino dos signos que está tomando conta da biosfera, longe de ser apenas fruto da insaciável produção capitalista, é parte de um programa evolutivo da espécie humana (ver sobre isso também Donald 1991).

Ora, a proliferação ininterrupta de signos vem criando cada vez mais a necessidade de que possamos lê-los, dialogar com eles em um nível um pouco mais profundo do que aquele que nasce da mera convivência e familiaridade. O aparecimento da ciência semiótica desde o final do século XIX coincidiu com o processo expansivo das tecnologias de linguagem. A própria realidade está exigindo de nós uma ciência que dê conta dessa realidade dos signos em evolução contínua. Minha sugestão é a de que, na semiótica de Peirce, especificamente no seu primeiro ramo, o da gramática especulativa, podemos encontrar uma fonte de inestimável valor para enfrentarmos essa exigência.

Além de nos fornecer definições rigorosas do signo e do modo como os signos agem, a gramática especulativa contém um grande inventário de tipos de signos e de misturas sígnicas, nas inumeráveis gradações entre o verbal e o não verbal até o limite do quase signo. Desse manancial conceitual, podemos extrair estratégias metodológicas para a leitura e análise de processos empíricos de signos: música, imagens, arquitetura, rádio, publicidade, literatura, sonhos, filmes, vídeos, hipermídia etc. Embora esse uso da gramática especulativa esteja muito longe daquilo que Peirce havia sonhado para ela, o material teórico que nela podemos encontrar se presta com muita aptidão para esse uso pretendido. Nada impede, portanto, que, sob esse aspecto imprevisto para Peirce (na sua época só existiam as fotografias, o cinema estava apenas surgindo!), sua teoria dos signos seja colocada a serviço de um maior entendimento do modo como funcionam e agem as famílias de signos que não cessam de se multiplicar pelo planeta.

Entretanto, aplicar a teoria dos signos peirceana não é uma tarefa simples. Seus conceitos são lógicos, definidos com precisão matemática, geométrica. São muito gerais e abstratos, de acordo com aquilo que prescreve uma teoria filosófica que se quer científica. Por isso mesmo, é difícil trabalhar com esses conceitos. Além do mais, especialmente quando falta um conhecimento mais profundo dos fundamentos e implicações filosóficas desses conceitos, seu uso pode degenerar em uma mera pirotecnia terminológica estéril.

Por isso mesmo, as dificuldades com o método afetam muito mais intensamente os que pretendem trabalhar com a semiótica de extração peirceana do que aqueles que seguem outras correntes da semiótica, especialmente aquelas derivadas do estruturalismo. Sabe-se das discussões infindáveis, nos anos 60 e 70, sobre o estatuto estritamente metodológico do estruturalismo. De fato, o estruturalismo, nascido do útero da linguística estrutural, é inseparável de um método, ou talvez seja, de fato, a teoria de um método. Esse caráter foi herdado por todas as semióticas estruturalistas, quer dizer, elas são teorias que são métodos. Tanto isso é verdade que um tema recorrente nas semióticas da cultura, especialmente as de linha soviética, é o tema da modelização, a língua como modelização primária que a modelização secundária dos outros sistemas de signos da cultura pressupõe (Sebeok 1987; Nöth 2000: 98).

Semiótica aplicada

É em razão disso que venho chamando as semióticas não peirceanas de semióticas especiais, pois se trata de semióticas especializadas. Não vai nisso nenhum julgamento de valor, quer dizer, nenhuma defesa da superioridade da teoria peirceana sobre as demais. Embora com o mesmo nome – semiótica –, trata-se de teorias tão diferentes, com propósitos tão distintos que as repetidas comparações entre semiótica peirceana *versus* outras semióticas (discursivas, culturais etc.) não passam de discussão bizantina e perda de tempo.

Aliás, quando se tem em mira a análise e interpretação de certos tipos de signos, os narrativos, por exemplo, ou os discursivos, as semióticas narratológicas e a semiótica greimasiana dispõem de meios capazes de realizar essa tarefa de modo muito mais proveitoso (cf., por exemplo, Pessoa de Barros 1988, 1990) do que qualquer utilização, por melhor que seja, das classificações de signos de Peirce.

Durante muito tempo me aferrei à crítica do uso empírico dos conceitos de Peirce. Pretendia, com isso, manter uma fidelidade às metas que Peirce prescreveu para suas teorias. Hoje, no entanto, especialmente depois do surgimento da hipermídia com seus fluxos e enxurradas de signos enchendo as telas dos monitores, também com as mudanças que estão se instaurando no mundo do marketing, que migra do produto para a imagem da empresa e da marca, e da publicidade para a política, parece estar se tornando cada vez mais necessário compreender em profundidade como os signos agem. Não há nenhum indicador de que os signos irão parar de crescer. Ao contrário. É preciso, portanto, entender-lhes as manhas.

Este livro tem uma pretensão didática: servir de auxílio àqueles que desejam aprender como a semiótica peirceana pode ser aplicada. Para isso, as análises são antecedidas de um capítulo de discussão dos conceitos da teoria dos signos, numa ver-

Introdução

são bem mais facilitada e muito mais breve do que aquela apresentada em Santaella (2000b). A seguir, tentei organizar um percurso metodológico para a aplicação desses conceitos. Seguindo sua pretensão didática, os capítulos do livro estão divididos em três partes, as três contendo análises demonstrativas do modo como a aplicação pode se dar: uma primeira parte que chamo de elementar porque as análises não atingem níveis de complexidade muito grandes, uma segunda parte, que chamo de intermediária, quando já são ensaiados alguns exercícios de aprofundamento. Por fim, a última parte é chamada de avançada porque leva a aplicação dos conceitos a níveis de maior sofisticação.

Embora as análises tenham sido precedidas de um capítulo explicativo dos conceitos teóricos, no interior de cada uma delas, alguns desses conceitos, aqueles que serão utilizados na análise específica, voltam a ser apresentados em um novo fraseado. Essas redundâncias me pareceram importantes para que os conceitos possam ser gravados na memória, o que facilita muito o acompanhamento dos procedimentos analíticos.

É amplo o espectro dos sistemas de signos que as análises tomaram como objeto, justamente para que elas possam servir ao leitor como exemplares dos diversos campos a que a semiótica pode se aplicar: publicidade, embalagens, mídia, arte, vídeos, literatura e instituição.

1

Bases teóricas para a aplicação

A obra de Peirce é muito extensa e complexa. Ele foi um gênio polivalente. Dedicou-se às mais diversas áreas da ciência: matemática, física, astronomia, química, linguística, psicologia, história, lógica e filosofia. Foram tantas as áreas devido ao fato de que seu talento o destinava para a lógica, mais propriamente a lógica da ciência. Nas diversas áreas das ciências, buscava o conhecimento dos métodos e dos fundamentos lógicos subjacentes a eles. Aí está a chave de sua semiótica pensada como uma lógica em um sentido muito amplo.

Não vou me deter na apresentação da obra de Peirce porque já tratei disso em outros livros. Mesmo da semiótica, que é aquilo que nos interessa aqui, limito-me a fornecer um panorama breve e simplificado, reduzido aos conceitos que são importantes quando se tem em vista a aplicação da teoria e do método semiótico a processos de signos, à análise de mensagens e a situações comunicativas. O leitor que estiver interessado em se aprofundar na teoria pode consultar outros livros nos quais desenvolvi detalhadamente vários aspectos da obra de Peirce. Para uma introdução à semiótica, com ênfase na fenomenologia, ver Santaella (1983); para uma visão geral da semiótica no quadro das ciências e sua aplicação à literatura, ver Santaella (1992); sobre a teoria peirceana da percepção, Santaella (1999); sobre a estética de Peirce, Santaella (2000a); a

Semiótica aplicada

discussão minuciosa da teoria e da classificação dos signos encontra-se em Santaella (2000); uma aplicação muito geral da semiótica às três matrizes da linguagem e pensamento, sonora, visual e verbal, pode ser encontrada em Santaella (2001b); por fim, a teoria peirceana do método da ciência aparece em Santaella (2004).

1. O lugar da semiótica na obra de Peirce

A semiótica é uma das disciplinas que fazem parte da ampla arquitetura filosófica de Peirce. Essa arquitetura está alicerçada na fenomenologia, uma quase ciência que investiga os modos como apreendemos qualquer coisa que aparece à nossa mente, qualquer coisa de qualquer tipo, algo simples como um cheiro, uma formação de nuvens no céu, o ruído da chuva, uma imagem em uma revista etc., ou algo mais complexo como um conceito abstrato, a lembrança de um tempo vivido etc., enfim, tudo que se apresenta à mente. Essa quase ciência fornece as fundações para as três ciências normativas: a estética, a ética e a lógica e, estas, por sua vez, fornecem as fundações para a metafísica. Todas elas são disciplinas muito abstratas e gerais que não se confundem com ciências práticas. A estética, a ética e a lógica são chamadas normativas porque elas têm por função estudar ideais, valores e normas. Que ideais guiam nossos sentimentos? Responder a essa questão é tarefa da estética. Que ideais orientam nossa conduta? Esta é a tarefa da ética. A lógica, por fim, estuda os ideais e as normas que conduzem o pensamento.

A estética está na base da ética assim como a ética está na base da lógica. A estética visa determinar o que deve ser o ideal último, o bem supremo para o qual a nossa sensibilidade nos dirige. De acordo com Peirce, esse ideal é o admirável em si, aquilo que é pura e simplesmente admirável e, por isso mesmo, nos chama para si. Peirce concluiu que aquilo que atrai a sensibilidade humana, em qualquer tempo e espaço, é o crescimento da razoabilidade concreta, ou seja, o crescimento da razão criativa corporificada no

— 2 —

Bases teóricas para a aplicação

mundo. Não pode haver nada mais admirável do que encorajar, permitir e agir para que ideias, condutas e sentimentos razoáveis tenham a possibilidade de se realizar. É para esse admirável que nosso empenho ético e a força de nossa vontade devem ser conduzidos. Por ser o estudo do raciocínio correto, a lógica nos fornece os meios para agir razoavelmente, especialmente através do autocontrole crítico que o pensamento lógico nos ajuda a desenvolver.

A lógica é a ciência das leis necessárias do pensamento e das condições para se atingir a verdade. Muito cedo, Peirce deu-se conta de que não há pensamento que possa se desenvolver apenas através de símbolos. Nem mesmo o raciocínio puramente matemático pode dispensar outras espécies de signos. Vem dessa descoberta a extensão da concepção peirceana da lógica para uma semiótica geral. Por isso, a lógica, também chamada de semiótica, trata não apenas das leis do pensamento e das condições da verdade, mas, para tratar das leis do pensamento e da sua evolução, deve debruçar-se, antes, sobre as condições gerais dos signos. Deve estudar, inclusive, como pode se dar a transmissão de significado de uma mente para outra e de um estado mental para outro. Devido a essa diversidade de tarefas, a lógica ou semiótica tem três ramos:

- a gramática especulativa;
- a lógica crítica; e
- a metodêutica ou retórica especulativa.

A gramática especulativa é o estudo de todos os tipos de signos e formas de pensamento que eles possibilitam. A lógica crítica toma como base as diversas espécies de signos e estuda os tipos de inferências, raciocínios ou argumentos que se estruturam através de signos. Esses tipos de argumentos são a abdução, a indução e a dedução. Por fim, tomando como base a validade e força que são próprias de cada tipo de argumento, a metodêutica tem por função analisar os métodos a que cada um dos tipos de raciocínio dá origem. Portanto, a metodêutica estuda os princípios do método cien-

— 3 —

tífico, o modo como a pesquisa científica deve ser conduzida e como deve ser comunicada. Por isso, a metodêutica e a retórica especulativa compõem juntas o terceiro ramo da semiótica.

A lógica crítica está baseada na gramática especulativa e a metodêutica está baseada na lógica crítica. Há, pois, uma relação de dependência dos níveis mais baixos aos níveis mais altos de classificação. A primeira divisão da semiótica, a gramática especulativa, está na base das outras duas. Ela é uma teoria geral de todas as espécies possíveis de signos, das suas propriedades e seus comportamentos, dos seus modos de significação, de denotação de informação e de interpretação.

Para isso, a gramática especulativa trabalha com os conceitos abstratos capazes de determinar as condições gerais que fazem com que certos processos, quando exibem comportamentos que se enquadram nelas, possam ser considerados signos. Por isso, ela é uma ciência geral dos signos. Seus conceitos são gerais, mas devem conter, no nível abstrato, os elementos que nos permitem descrever, analisar e avaliar todo e qualquer processo existente de signos verbais, não verbais e naturais: fala, escrita, gestos, sons, comunicação dos animais, imagens fixas e em movimento, audiovisuais, hipermídia etc. As diversas facetas que a análise semiótica apresenta podem assim nos levar a compreender qual é a natureza e quais são os poderes de referência dos signos, que informação transmitem, como eles se estruturam em sistemas, como funcionam, como são emitidos, produzidos, utilizados e que tipos de efeitos são capazes de provocar no receptor.

Muitas pessoas pensam que a semiótica peirceana se reduz apenas a esse seu primeiro ramo, o da teoria geral dos signos, esquecendo-se dos outros dois. Para Peirce, entretanto, esse primeiro ramo deve funcionar como uma propedêutica para o estudo da validade dos argumentos e das condições de verdade do método da ciência. De qualquer maneira, embora esse ramo da semiótica tenha uma natureza filosófica, ontológica e mesmo epistemológica mais ampla, que deveria ser propedêutica para a lógica e os méto-

Bases teóricas para a aplicação

dos da ciência, também pode ser tomado de uma maneira reducionista, pode ser considerado na sua autonomia e pode valer por si mesmo, se nosso objetivo é analisar processos de signos existentes.

De fato, a gramática especulativa nos fornece as definições e classificações para a análise de todos os tipos de linguagens, signos, sinais, códigos etc., de qualquer espécie e de tudo que está neles implicado: a representação e os três aspectos que ela engloba, a significação, a objetivação e a interpretação. Isso assim se dá porque, na definição de Peirce, o signo tem uma natureza triádica, quer dizer, ele pode ser analisado:

- em si mesmo, nas suas propriedades internas, ou seja, no seu poder para significar;
- na sua referência àquilo que ele indica, se refere ou representa; e
- nos tipos de efeitos que está apto a produzir nos seus receptores, isto é, nos tipos de interpretação que ele tem o potencial de despertar nos seus usuários.

Desse modo, a teoria semiótica nos permite penetrar no próprio movimento interno das mensagens, no modo como elas são engendradas, nos procedimentos e recursos nelas utilizados. Permite-nos também captar seus vetores de referencialidade não apenas a um contexto mais imediato, como também a um contexto estendido, pois em todo processo de signos ficam marcas deixadas pela história, pelo nível de desenvolvimento das forças produtivas econômicas, pela técnica e pelo sujeito que as produz. Em face desse potencial, não há nada mais natural, portanto, do que buscar, nas definições e classificações abstratas de signos, os princípios-guias para um método de análise a ser aplicado a processos existentes de signos e às mensagens que eles transmitem, tais como aparecem em poemas, músicas, pinturas, fotos, filmes, matérias de jornal, dança, peças publicitárias, em qualquer meio em que essas peças possam aparecer: impresso, foto, cine ou videográfico etc.

— 5 —

Em síntese, trata-se de um percurso metodológico-analítico que promete dar conta das questões relativas às diferentes naturezas que as mensagens podem ter: verbal, imagética, sonora, incluindo suas misturas, palavra e imagem, ou imagem e som etc. Pode dar conta também de seus processos de referência ou aplicabilidade, assim como dos modos como, no papel de receptores, percebemos, sentimos e entendemos as mensagens, enfim, como reagimos a elas.

Entretanto, por ser uma teoria muito abstrata, a semiótica só nos permite mapear o campo das linguagens nos vários aspectos gerais que as constituem. Devido a essa generalidade, para uma análise afinada, a aplicação semiótica reclama pelo diálogo com teorias mais específicas dos processos de signos que estão sendo examinados. Assim, por exemplo, para se analisar semioticamente filmes, essa análise precisa entrar em diálogo com teorias específicas de cinema. Para analisar pinturas, é necessário haver um conhecimento de teorias e história da arte. Para fazer semiótica da música, é preciso conhecer música, e assim por diante. Não se pode fazer análise de peças publicitárias sem conhecimento algum de sintaxe visual, design etc.

Em suma, a semiótica não é uma chave que abre para nós milagrosamente as portas de processos de signos cuja teoria e prática desconhecemos. Ela funciona como um mapa lógico que traça as linhas dos diferentes aspectos através dos quais uma análise deve ser conduzida, mas não nos traz conhecimento específico da história, teoria e prática de um determinado processo de signos. Sem conhecer a história de um sistema de signos e do contexto sociocultural em que ele se situa, não se pode detectar as marcas que o contexto deixa na mensagem. Se o repertório de informações do receptor é muito baixo, a semiótica não pode realizar para esse receptor o milagre de fazê-lo produzir interpretantes que vão além do senso comum.

Depois desse sinal de alerta, podemos passar para um breve panorama das bases teóricas que sustentam o método para uma

Bases teóricas para a aplicação

semiótica aplicada. Será feita a seguir uma seleção dos conceitos que mais se prestam a uma análise semiótica. Além de abstrata, a teoria dos signos é uma trama urdida com muita complexidade. A apresentação dos conceitos a seguir tem por intenção familiarizar o leitor com esses conceitos para que as análises que virão, nos capítulos subsequentes deste livro, possam ser compreendidas. Ao mesmo tempo, a utilização que será feita dos conceitos nessas análises pode ajudar o leitor a compreender retroativamente os conceitos que aqui se seguem.

2. A fenomenologia e a semiótica

Entendemos por *fenômeno*, palavra derivada do grego *Phaneron*, tudo aquilo, qualquer coisa, que aparece à percepção e à mente. A fenomenologia tem por função apresentar as categorias formais e universais dos modos como os fenômenos são apreendidos pela mente.

Os estudos que empreendeu levaram Peirce à conclusão de que há três, e não mais do que três, elementos formais e universais em todos os fenômenos que se apresentam à percepção e à mente. Num nível de generalização máxima, esses elementos foram chamados de primeiridade, secundidade e terceiridade. A primeiridade aparece em tudo que estiver relacionado com acaso, possibilidade, qualidade, sentimento, originalidade, liberdade, mônada. A secundidade está ligada às ideias de dependência, determinação, dualidade, ação e reação, aqui e agora, conflito, surpresa, dúvida. A terceiridade diz respeito à generalidade, continuidade, crescimento, inteligência. A forma mais simples da terceiridade, segundo Peirce, manifesta-se no signo, visto que o signo é um primeiro (algo que se apresenta à mente), ligando um segundo (aquilo que o signo indica, se refere ou representa) a um terceiro (o efeito que o signo irá provocar em um possível intérprete).

— 7 —

Semiótica aplicada

Em uma definição mais detalhada, o signo é qualquer coisa de qualquer espécie (uma palavra, um livro, uma biblioteca, um grito, uma pintura, um museu, uma pessoa, uma mancha de tinta, um vídeo etc.) que representa uma outra coisa, chamada de objeto do signo, e que produz um efeito interpretativo em uma mente real ou potencial, efeito este que é chamado de interpretante do signo.

Tomemos um grito, por exemplo. Devido a propriedades ou qualidades que lhe são próprias (um grito não é um murmúrio) ele representa algo que não é o próprio grito, isto é, indica que aquele que grita está, naquele exato momento, em apuros ou sofre alguma dor ou regozija-se na alegria (essas diferenças dependem da qualidade específica do grito). Isso que é representado pelo signo, quer dizer, ao que ele se refere, é chamado de seu objeto. Ora, dependendo do tipo de referência do signo, se ele se refere ao apuro, ou ao sofrimento ou à alegria de alguém, provocará em um receptor um certo efeito interpretativo: correr para ajudar, ignorar, gritar junto etc. Esse efeito é o interpretante.

Uma pessoa, um livro, uma biblioteca exibem essa mesma lógica de funcionamento, exceto pelo fato de que são signos muito mais complexos cujos objetos e interpretantes são também infinitamente mais complexos do que um grito.

Tanto quanto o próprio signo, o objeto do signo também pode ser qualquer coisa de qualquer espécie. Essa "coisa" qualquer está na posição de objeto porque é representada pelo signo. O que define signo, objeto e interpretante, portanto, é a posição lógica que cada um desses três elementos ocupa no processo representativo.

Desse modo, por exemplo, uma petição que um advogado redige é um signo que representa a causa de um cliente, o objeto do signo, para o efeito que essa petição produz em um juiz, interpretante do signo. Outro exemplo: um filme que nasce da adaptação de um romance é um signo desse romance, que é, portanto, o objeto do signo, cujo interpretante será o efeito que o filme produzirá em seus espectadores. Mas o romance em si pode também

— 8 —

Bases teóricas para a aplicação

ser tomado como signo daquilo que o romance representa, seu objeto. Assim, o romance *Memórias Póstumas de Brás Cubas* é um signo que tem por objeto, entre outras coisas, e em última instância, os costumes da sociedade carioca do século XIX. Uma tal representação do objeto produz efeitos interpretativos em seus leitores. Esses efeitos são o interpretante. Neste último exemplo, fica bem claro por que o signo sempre funciona como mediador entre o objeto e o interpretante. Os leitores só têm acesso ao objeto do signo, àquilo que o romance representa, pela mediação do signo.

Mais alguns exemplos. Escrevo um e-mail para minha irmã. O e-mail é um signo daquilo que desejo transmitir-lhe, que é o objeto do signo. O efeito que a mensagem produz em minha irmã é o interpretante do e-mail que, ao fim e ao cabo, é um mediador entre aquilo que desejo transmitir a minha irmã e o efeito que esse desejo nela produz através do e-mail.

Uma peça publicitária para o reposicionamento de um produto no mercado é um signo do produto, que vem a ser o objeto desse signo, isto é, da peça publicitária. Não apenas o produto em si é o objeto do signo, mas o produto reposicionado, tal como a peça o representa. O impacto ou não que a publicidade despertar no seu público é o interpretante da publicidade.

Ainda como exemplo, um vídeo de educação ambiental sobre o desmatamento da região amazônica é um signo que tem por objeto a região retratada no vídeo. Os efeitos interpretativos que o vídeo produz em seus espectadores é o interpretante do signo. Esses exemplos deixam à mostra o fato de que os efeitos interpretativos dependem diretamente do modo como o signo representa seu objeto.

Quando a lógica triádica do signo fica clara para nós, estamos no caminho para compreender melhor porque a definição peirceana do signo inclui três teorias: a da significação, a da objetivação e a da interpretação.

— 9 —

Semiótica aplicada

- Da relação do signo consigo mesmo, isto é, da natureza do seu fundamento, ou daquilo que lhe dá capacidade para funcionar como tal, que, como será detalhado mais à frente, pode ser sua qualidade, sua existência concreta ou seu caráter de lei, advém uma teoria das potencialidades e limites da significação.

- Da relação do fundamento com o objeto, ou seja, com aquilo que determina o signo e que é, ao mesmo tempo, aquilo que o signo representa e ao qual se aplica, e que pode ser tomado em sentido genérico como o contexto do signo, extrai-se uma teoria da objetivação, que estuda todos os problemas relativos à denotação, à realidade e referência, ao documento e ficção, à mentira e decepção.

- Da relação do fundamento com o interpretante, deriva-se uma teoria da interpretação, com as implicações quanto aos seus efeitos sobre o intérprete, individual ou coletivo.

Neste ponto, não se pode esquecer que a semiótica está alicerçada na fenomenologia. Por isso, há signos de terceiridade, isto é, signos genuínos, mas há também quase signos, isto é, signos de secundidade e de primeiridade. Vem daí por que Peirce levou a noção de signo tão longe, que ele mesmo não precisa ter a natureza plena de uma linguagem (palavras, desenhos, diagramas, fotos etc.), mas pode ser uma mera ação ou reação (por exemplo, correr para pegar um ônibus ou abrir uma janela etc.). O signo pode ainda ser uma mera emoção ou qualquer sentimento ainda mais indefinido do que uma emoção, por exemplo, a qualidade vaga de sentir ternura, desejo, raiva etc.

Qualquer coisa que esteja presente à mente tem a natureza de um signo. Signo é aquilo que dá corpo ao pensamento, às emoções, às reações etc. Por isso mesmo, pensamentos, emoções e reações podem ser externalizados. Essas externalizações são traduções mais ou menos fiéis de signos internos para signos externos.

— 10 —

Bases teóricas para a aplicação

Consequentemente, os efeitos interpretativos que os signos provocam em um receptor também não precisam ter necessariamente a natureza de um pensamento bem-formulado e comunicável, mas podem ser uma simples reação física (receber uma carta e jogá-la fora) ou podem ainda ser um mero sentimento ou compósito vago de sentimentos.

De tudo isso conclui-se que a fenomenologia peirceana fornece as bases para uma semiótica antirracionalista, antiverbalista e radicalmente original, visto que nos permite pensar também como signos, ou melhor, como quase signos, fenômenos rebeldes, imprecisos, vagamente determinados, manifestando ambiguidade e incerteza, ou ainda fenômenos irrepetíveis na sua singularidade. É por isso que qualquer coisa pode ser analisada semioticamente, desde um suspiro, uma música, um teorema, uma partitura, um livro, publicidades impressas ou televisivas, incluindo a percepção que temos delas, na sua natureza de signos e misturas entre eles.

Tal potencialidade é, de fato, o resultado da ligação muito íntima da semiótica com a fenomenologia. É desta que advém a possibilidade de se considerar os signos e interpretações de primeira categoria (meros sentimentos e emoções), de segunda categoria (percepções, ações e reações) e de terceira categoria (discursos e pensamentos abstratos), que tornam muito próximos o sentir, o reagir, o experimentar e o pensar. São essas misturas que estão muito justamente fundamentadas nas diferentes classes de signos estudadas por Peirce.

Através dessas classes, as características peculiares e as eficiências e ineficiências particulares de cada diferente tipo de signo são investigadas (CP 4.531). "Cada tipo de signo serve para trazer à mente objetos de espécies diferentes daqueles revelados por um outro tipo de signo" (CP 6.339). As classes de signos revelam de que espécie um signo deve ser para ser capaz de representar a espécie de objeto que ele representa (CP 4.531).

— 11 —

Semiótica aplicada

3. O que dá fundamento ao signo?

Se qualquer coisa pode ser um signo, o que é preciso haver nela para que possa funcionar como signo? Para Peirce, entre as infinitas propriedades materiais, substanciais etc. que as coisas têm, há três propriedades formais que lhes dão capacidade para funcionar como signo: sua mera qualidade, sua existência, quer dizer, o simples fato de existir, e seu caráter de lei. Na base do signo, estão, como se pode ver, as três categorias fenomenológicas. Ora, essas três propriedades são comuns a todas as coisas. Pela qualidade, tudo pode ser signo, pela existência, tudo é signo, e pela lei, tudo deve ser signo. É por isso que tudo pode ser signo, sem deixar de ter suas outras propriedades.

Diante disso, é importante agora saber por que e como uma simples qualidade é uma propriedade formal que faz algo ser signo. Quando funciona como signo, uma qualidade é chamada de qualissigno, quer dizer, ela é uma qualidade que é um signo.

Tomemos, por exemplo, uma cor, qualquer cor, um azul-claro, sem considerar onde essa cor está corporificada, sem considerar que é uma cor existente e sem considerar seu contexto. Tomemos apenas a cor, nela mesma, só cor, pura cor. Quantos artistas não fizeram obras para nos embriagar apenas com uma cor? Por que e como uma simples cor pode funcionar como signo? Ora, uma simples cor, como o "azul-claro", imediatamente produz uma cadeia associativa que nos faz lembrar céu, roupa de bebê etc.; por isso mesmo, esse tom de azul costuma ser chamado de azul-celeste ou azul-bebê. A mera cor não é o céu, não é a roupa de um bebê, mas lembra, sugere isso. Esse poder de sugestão que a mera qualidade apresenta lhe dá capacidade para funcionar como signo, pois, quando o azul lembra o céu, essa qualidade da cor passa a funcionar como quase signo do céu. O mesmo tipo de situação também se cria com quaisquer outras qualidades, como o cheiro, o som, os volumes, as texturas etc.

Vejamos agora por que o fato de existir faz daquilo que existe um signo. Todo existente, qualquer existente é multiplamente

— 12 —

Bases teóricas para a aplicação

determinado, é uma síntese de múltiplas determinações, pois existir significa ocupar um lugar no tempo e no espaço, significa reagir em relação a outros existentes, significa conectar-se. Por isso mesmo, os existentes apontam ao mesmo tempo para uma série de outros existentes, para uma série de direções, infinitas direções. Cada uma das direções para a qual o existente aponta é uma de suas referências possíveis, em um campo de referências que se perdem de vista. O existente funciona assim como signo de cada uma e potencialmente de todas as referências a que se aplica, pois ele age como uma parte daquilo para o que aponta. Essa propriedade de existir, que dá ao que existe o poder de funcionar como signo, é chamada de sinsigno, onde "sin" quer dizer singular.

Pensemos em um exemplo. Você leitor(a) que me lê neste momento (uma frase, por sinal, curiosa, pois quem escreve neste momento sou eu!). Mas voltemos a você que existe no universo dos seres humanos. Sua pessoa emite sinais para uma infinidade de direções: o modo de se vestir, a maneira de falar, a língua que fala, o que escolhe dizer, o conteúdo do que diz, o jeito de olhar, de andar, sua aparência em geral etc. são todos estes, e muitos outros mais, sinais que estão prontos para significar, latentes de significado.

Quanto à propriedade da lei, embora pareça complicado compreendê-la, um breve exame já é capaz de revelar que não é tão complicado quanto parece. O que é uma lei? Uma lei é uma abstração, mas uma abstração que é operativa. Ela opera tão logo encontre um caso singular sobre o qual agir. A ação da lei é fazer com que o singular se conforme, se amolde à sua generalidade. É fazer com que, surgindo uma determinada situação, as coisas ocorram de acordo com aquilo que a lei prescreve. Se não fosse pela lei, as ocorrências seriam brutas e cegas. É por isso que também falamos em leis da natureza. Quando algo tem a propriedade da lei, recebe na semiótica o nome de legissigno e o caso singular que se conforma à generalidade da lei é chamado de réplica. Assim funcionam as palavras, assim funcionam todas as convenções socioculturais, assim também funcionam as leis do direito.

— 13 —

Semiótica aplicada

No caso das palavras, por exemplo, elas são leis porque pertencem a um sistema, sem o qual palavras não passariam de tartamudeios. Por pertencerem a um sistema, em cada língua, as palavras se conformam a certas combinatórias de sons e de sequências de palavras que são próprias da língua em questão. A lei de que as palavras são portadoras fará com que, cada vez que uma palavra ou grupo de palavras ocorrerem, sejam entendidas como significando aquilo que o sistema a que pertencem determina que elas signifiquem.

Acima descritas estão as três propriedades que habilitam as coisas a agirem como signos. Essas propriedades não são excludentes. Na maior parte das vezes, operam juntas, pois a lei incorpora o singular nas suas réplicas, e todo singular é sempre um compósito de qualidades. Quase todas as coisas, se não todas, estão sempre sob o domínio da lei, de modo que, o mais das vezes, as três propriedades estão operando conjuntamente. Há certas situações muito particulares e até mesmo privilegiadas, entretanto, em que a propriedade puramente qualitativa fica proeminente, o que é o caso da arte, da música, da poesia, por exemplo. Há também situações em que domina a singularidade cega do puro acontecer, no exílio de qualquer lei. Mas esses são casos de dominância, pois as três propriedades são sempre onipresentes em todos os fenômenos, não apenas humanos, mas também naturais.

4. A que os signos se referem?

Dependendo do fundamento, ou seja, da propriedade do signo que está sendo considerada, será diferente a maneira como ele pode representar seu objeto. Como são três os tipos de propriedades – qualidade, existente ou lei –, são também três os tipos de relação que o signo pode ter com o objeto a que se aplica ou que denota. Se o fundamento é um qualissigno, na sua relação com o objeto, o signo será um ícone; se for um existente, na sua relação com o objeto, ele será um índice; se for uma lei, será um símbolo.

— 14 —

Bases teóricas para a aplicação

Há uma distinção que Peirce estabeleceu para o objeto que pode nos ajudar a compreender melhor as relações do fundamento do signo com seu respectivo objeto. Essa distinção é a do objeto dinâmico e do objeto imediato.

Quando pronunciamos uma frase, nossas palavras falam de alguma coisa, referem-se a algo, aplicam-se a uma determinada situação ou estado de coisas. Elas têm um contexto. Esse algo a que elas se reportam é o seu objeto dinâmico. A frase é o signo e aquilo sobre o que ela fala é o objeto dinâmico. Quando olhamos para uma fotografia, lá se apresenta uma imagem. Essa imagem é o signo e o objeto dinâmico é aquilo que a foto capturou no ato da tomada a que a imagem na foto corresponde. Quando ouvimos uma música, o objeto dinâmico é tudo aquilo que as sequências de sons são capazes de sugerir para a nossa escuta.

Ora, quaisquer que sejam os casos, uma frase, uma foto ou uma música, ou seja lá o que for, os signos só podem se reportar a algo, porque, de alguma maneira, esse algo que eles denotam está representado dentro do próprio signo. O modo como o signo representa, indica, assemelha-se, sugere, evoca aquilo a que ele se refere é o objeto imediato. Ele se chama imediato porque só temos acesso ao objeto dinâmico através do objeto imediato, pois, na sua função mediadora, é sempre o signo que nos coloca em contato com tudo aquilo que costumamos chamar de realidade.

Assim, por exemplo, façamos a experiência de comparar a primeira página de dois jornais diferentes em um mesmo dia. O objeto dinâmico dessas duas páginas são presumivelmente os acontecimentos mais quentes de uma conjuntura recente. Como esse objeto dinâmico é apresentado em cada uma das páginas vem a ser o objeto imediato, quer dizer, aquele recorte específico que a página, que é um signo, de cada um dos jornais fez do objeto dinâmico a conjuntura da realidade. É claro que esse recorte depende de uma série de aspectos, tais como a ideologia do jornal, o que foi decidido na pauta como merecedor de atenção etc. Mas é o recorte específico que aquele signo faz, com todos os aspectos que ele

— 15 —

Semiótica aplicada

envolve, que é o objeto imediato, ou seja, o modo como o signo representa ou indica ou, ainda, sugere o objeto dinâmico.

Estou insistindo nesses três verbos, "representa", "indica" e "sugere", porque sua semântica é indicadora do fato de que, dependendo da natureza do fundamento do signo, se é uma qualidade, um existente ou uma lei, também será diferente a natureza do objeto imediato do signo e, consequentemente, também será diferente a relação que o signo mantém com o objeto dinâmico. Vem daí a classificação dos signos em ícones, índices e símbolos. Assim, o objeto imediato de um ícone só pode sugerir ou evocar seu objeto dinâmico. O objeto imediato de um índice indica seu objeto dinâmico e o objeto imediato de um símbolo representa seu objeto dinâmico.

Vem dessa distinção tripartite a divisão dos objetos imediatos em três tipos: descritivos, designativos e copulantes. No caso do qualissigno icônico, seu objeto imediato tem sempre um caráter descritivo, pois estes determinam seus objetos dinâmicos, declarando seus caracteres. No caso do sinsigno indicial, seu objeto imediato é um designativo, pois dirige a retina mental do intérprete para o objeto dinâmico em questão. No caso do legissigno simbólico, seu objeto imediato tem a natureza de um copulante, pois meramente expressa as relações lógicas destes objetos com seu objeto dinâmico.

Assim como há uma divisão triádica do objeto imediato também o dinâmico se subdivide em três, de acordo com a mesma lógica do primeiro, segundo e terceiro. Quando o objeto imediato é um descritivo, o objeto dinâmico é um possível e o signo em si mesmo, um abstrativo. Por exemplo: a palavra beleza ou "o belo" é um signo abstrativo que tem por objeto imediato um descritivo cujo objeto dinâmico só pode ser um possível, quer dizer, todas as coisas que foram, são e serão possivelmente belas.

Quando o objeto imediato é um designativo, quer dizer, quando dirige a mente do intérprete para seu objeto dinâmico, este só pode ser uma ocorrência, coisa existente ou fato atual do passado ou futuro. Nesse caso, o signo em si é um concretivo, quer dizer, algo concreto, existente.

Bases teóricas para a aplicação

Quando o objeto imediato é um copulante, apresentando relações lógicas, o objeto dinâmico é um necessitante, algo de caráter geral, um tipo, e o signo em si é um coletivo.

Para que os objetos dos signos fiquem mais explícitos, vejamos em mais detalhes como agem os ícones, índices e símbolos para denotar aquilo que denotam.

Um ícone é um signo que tem como fundamento um qualissigno. Lembremos do exemplo de qualissigno: uma cor azul-clara. O que dá poder a essa cor para funcionar como signo é tão só e apenas sua qualidade. Na relação com o objeto que o qualissigno pode porventura sugerir ou evocar, o qualissigno é icônico, quer dizer, é icônico porque o qualissigno só pode sugerir seu objeto por similaridade. Ícones são qualissignos que se reportam a seus objetos por similaridade. Quando a cor azul-clara lembra o céu ou os olhos azuis límpidos de uma criança, ela só pode lembrá-los porque há uma semelhança na qualidade desse azul com o azul do céu ou dos olhos. O ícone só pode sugerir ou evocar algo porque a qualidade que ele exibe se assemelha a uma outra qualidade.

Uma vez que qualidades não representam nada, pois qualidades só se apresentam, só se presentificam, em princípio não há nada no ícone que possa remetê-lo a um objeto dinâmico. Por isso, o objeto imediato de um ícone é o seu próprio fundamento, quer dizer, é a qualidade ou qualidades que ele exibe. No momento em que, através de uma comparação, essa qualidade sugere uma outra qualidade, a qualidade sugerida vem a ser o objeto dinâmico do ícone. Pensemos em mais um exemplo: manchas de tinta com formas completamente casuais em um papel. Retendo só a qualidade dessas formas, as formas nelas mesmas, independentemente de qualquer outra coisa, a aparência que as formas exibem cumpre ao mesmo tempo a função de fundamento, o qualissigno, e de objeto imediato. Não há nada nelas que possa representar qualquer outra coisa. São simplesmente manchas que se apresentam a si mesmas. Entretanto, justamente porque não representam nada, elas ficam abertas para despertar cadeias associativas de semelhança com

— 17 —

Semiótica aplicada

uma infinidade de outras formas. Por isso mesmo, manchas são usadas em testes psicológicos. Quando dizemos isso parece com uma cachoeira, ou parece com uma montanha, ou parece com uma escada, através da comparação, estamos dando um objeto dinâmico para formas que, em si mesmas, de fato, não têm poder de representar outras aparências.

Peirce dividiu os signos icônicos, ou seja, os signos que agem como tais em função de uma relação de semelhança com seus objetos, em três níveis: imagem, diagrama e metáfora.

A imagem estabelece uma relação de semelhança com seu objeto puramente no nível da aparência. Imagens de um gato, de um bosque, de uma praça podem representar esses objetos quando apresentam níveis de similaridade com o modo como eles são visualmente percebidos.

O diagrama representa seu objeto por similaridade entre as relações internas que o signo exibe e as relações internas do objeto que o signo visa representar. O mapa do metrô de Londres, por exemplo, é um diagrama, pois a similaridade com seu objeto não se dá no nível das aparências, mas no nível das relações internas. O gráfico demonstrando a taxa de crescimento da inflação no ano também é um diagrama por exibir uma correspondência do desenho com as relações internas do objeto representado.

A metáfora representa seu objeto por similaridade no significado do representante e do representado. Ao aproximar o significado de duas coisas distintas, a metáfora produz uma faísca de sentido que nasce de uma identidade posta à mostra. É justamente esse efeito que uma frase do tipo "Ela tem olhos de azeitona" produz.

O caso do índice é bem diferente do ícone discutido acima através do exemplo das manchas de tinta. Um bom exemplo para evidenciar essa diferença é o de uma fotografia, digamos, de uma montanha ou de uma escada ou de uma cachoeira, pois falar de fotografias é já começar a tratar dos índices. A montanha, cuja imagem foi capturada na foto, de fato, existe fora e independente-

Bases teóricas para a aplicação

mente da foto. Assim, a imagem que está na foto tem o poder de indicar exatamente aquela montanha singular na sua existência. O que dá fundamento ao índice é sua existência concreta. Para indicar a montanha, a foto evidentemente também precisa ser um existente tanto quanto a montanha o é.

Se, no caso do ícone, não há distinção entre o fundamento e o objeto imediato, já no caso do índice essa distinção é importante. O objeto imediato do índice é a maneira como o índice é capaz de indicar aquele outro existente, seu objeto dinâmico, com o qual ele mantém uma conexão existencial. Para que a imagem da montanha possa estar, de algum modo, na foto, houve uma conexão de fato entre a montanha e a foto. Mas a foto não é a montanha, apenas a indica dentro de certos limites que são próprios da fotografia. Esse recorte específico que a foto faz do objeto fotografado é o objeto imediato.

Pode-se fotografar a mesma montanha de diversos ângulos, em diferentes proximidades, de variados lados, ou mesmo de cima, se tomarmos a foto de um helicóptero, por exemplo. Em cada uma dessas variações, são distintos os objetos imediatos, pois varia o modo como o mesmo objeto dinâmico, a montanha, nelas aparece.

Todos os índices envolvem ícones. Mas não são os ícones que os fazem funcionar como signos. Assim, a imagem da montanha, que se apresenta na foto, tem alguma semelhança com a aparência da própria montanha. Nesse aspecto, age como um ícone dela. É por isso que somos capazes de reconhecer imediatamente uma foto da montanha Matterhorn, na Suíça, devido à sua forma muito peculiar. Mas a imagem funciona como índice da montanha porque ela é o resultado de uma conexão de fato entre a tomada da foto e a montanha.

Tomemos uma forma mais pura de índice (pois, na fotografia, o aspecto icônico é também muito dominante), por exemplo, os muito citados casos da fumaça como índice de fogo ou do chão molhado como índice de chuva. A fumaça não apresenta qualquer semelhança com o fogo, nem o chão molhado com a chuva. Isso

— 19 —

Semiótica aplicada

não significa que a fumaça não exiba qualissignos icônicos que lhe são próprios, assim como o chão molhado, pois todo existente contém um compósito de qualidades que podem funcionar como ícones. Entretanto, a ação do índice é distinta do aspecto icônico. Para agir indicialmente, o signo deve ser considerado no seu aspecto existencial como parte de um outro existente para o qual o índice aponta e de que o índice é uma parte.

A ação do símbolo é bem mais complexa. Seu fundamento, como já sabemos, é um legissigno. Leis operam no modo condicional. Preenchidas determinadas condições, a lei agirá. Se a fruta soltar-se da árvore, ela cairá. Eis um exemplo da ação da lei. Mas a lei da gravidade só funciona como um símbolo se a tomarmos como símbolo dos desígnios da natureza ou de uma entidade divina. Vejamos, pois, casos menos discutíveis de símbolos. Se o fundamento do símbolo é uma lei, então, o símbolo está plenamente habilitado para representar aquilo que a lei prescreve que ele represente. O hino nacional representa o Brasil. A bandeira brasileira representa o Brasil. A Praça dos Três Poderes, em Brasília, representa os três poderes. Convenções sociais agem aí no papel de leis que fazem com que esses signos devam representar seus objetos dinâmicos. Qual vem a ser, então, o objeto imediato dos símbolos?

O objeto imediato do ícone é o modo como sua qualidade pode sugerir ou evocar outras qualidades. O objeto imediato do índice é o modo particular pelo qual esse signo indica seu objeto. O objeto imediato do símbolo é o modo como o símbolo representa o objeto dinâmico. Enquanto o ícone sugere através de associações por semelhança e o índice indica através de uma conexão de fato, existencial, o símbolo representa através de uma lei.

Pensemos em um exemplo para ajudar na compreensão: este capítulo mesmo que escrevo e que o leitor está lendo. Que se trata aqui de legissignos e de símbolos não há dúvida, pois toda língua é convencional, denotando seus referentes devido ao legissigno ou convenção que lhe dá suporte. O objeto dinâmico dos símbolos é uma referência última que engloba todo o contexto a que o símbo-

— 20 —

lo se refere ou se aplica, se fosse possível pensar uma tal referência última ou contexto global do signo. É evidente que não é possível pensar essa totalidade muito justamente porque o pensamento que tenta pensá-la é um signo que só pode representar o seu contexto de referência dentro de certas capacidades e limites. Ora, esse recorte específico que um símbolo faz de seu contexto de referência é o objeto imediato do símbolo.

Voltemos, assim, para o exemplo: este capítulo no qual busco transmitir os conceitos da teoria dos signos de Peirce. O objeto dinâmico deste capítulo, em última instância, seria a totalidade da obra de Peirce: os textos que publicou em vida, os 90 mil manuscritos inéditos que deixou etc. Essa obra existe como palavras inscritas em objetos físicos como livros e papéis arquivados. Os objetos físicos dão suporte à obra, são sinsignos, instâncias de atualização dos símbolos, isto é, dos textos deixados por Peirce. Isso quer dizer que o objeto dinâmico deste meu texto também são símbolos, ou seja, os textos de Peirce. Os símbolos também têm seu objeto dinâmico: todas as obras que Peirce leu para poder desenvolver suas ideias. Essas obras, que também são símbolos, têm seus próprios objetos dinâmicos, e assim indefinidamente.

A cadeia indefinida de símbolos que remetem a símbolos começa a nos dar uma ideia do que seria o objeto dinâmico como referência última deste meu texto. Mas essa referência última ainda engloba tudo que li sobre Peirce, os outros autores que consultei para poder compreendê-lo e para conferir a adequação de minha própria compreensão, os congressos de que participei em que discuti a obra de Peirce, todas as aulas que dei sobre esse assunto. Enfim, o objeto dinâmico de um símbolo, especialmente quando o símbolo é um conceito, perde-se de vista. Ora, tudo isso que foi aí indicado não cabe neste meu texto, pois este texto particular faz um certo recorte particular de todas essas referências. Esse recorte particular, o modo específico com que este capítulo representa os conceitos da teoria dos signos de Peirce, é o objeto imediato deste texto.

Semiótica aplicada

Para deixar a noção do objeto ainda mais fina, Peirce desenvolveu o conceito de experiência colateral. Este se refere à intimidade prévia com aquilo que o signo denota. Todos aqueles que já tiveram outras experiências de leitura da teoria dos signos de Peirce certamente lerão com muito mais facilidade este meu texto, porque já tiveram experiências colaterais com o objeto dinâmico deste texto. Uma vez que o objeto imediato deste texto tem limites, quer dizer, não pode representar tudo sobre a teoria dos signos, aqueles que tiverem interesse em saber mais sobre o assunto podem consultar outros livros, em que encontrarão outros recortes da obra de Peirce, quer dizer, outros objetos imediatos desse objeto dinâmico que é a obra em suas referências últimas.

Consideremos agora a bandeira brasileira que é um símbolo do Brasil, assim como a italiana é da Itália, e assim por diante. Aqui, o funcionamento do símbolo é bem menos complicado, porque a bandeira não é um símbolo genuíno como uma palavra o é, pois seu aspecto icônico, isto é, a imagem de formas e cores que exibe, é dominante, além de que se trata aí de um símbolo simples e não complexo como um texto. Quando, por uma convenção sociocultural, um ícone é tomado como símbolo, como é o caso de uma bandeira, ou do crucifixo como símbolo do Cristianismo, as formas e cores que constituem esse ícone passam a funcionar também como legissignos porque a convenção lhes imputa esse caráter. Assim sendo, todas as bandeiras ou crucifixos particulares, em cada estádio, em cada igreja, constituem-se em sinsignos, réplicas do legissigno.

O objeto dinâmico da bandeira é o Brasil, o objeto imediato, que é o ícone com suas cores e formas, não poderia representar o Brasil se não fosse pela convenção que faz com que a lei aja, isto é, se aquele ícone não tivesse sido escolhido para representar o que representa. Mas esse ícone não é inteiramente arbitrário. Ele também funciona por similaridade, que é o modo próprio de o ícone funcionar como signo: o azul da bandeira tem semelhança com o céu, o verde com a mata, o amarelo com o ouro. Quanto à inscrição

— 22 —

Bases teóricas para a aplicação

"Ordem e Progresso", esta é decididamente um símbolo. Por ironia do destino, se a ordem e o progresso aí inscritos têm funcionado como uma paródia do país, só pode ser o caso de uma vingança do objeto dinâmico, isto é, uma vingança do real contra seu símbolo.

Tendo isso em vista, não fica difícil entender por que todo símbolo inclui dentro de si qualissignos icônicos e sinsignos indiciais. Mesmo as palavras, que são genuinamente simbólicas, exibem seu aspecto icônico na materialidade da escrita que os jornais, por exemplo, exploram muito bem no uso diferenciado que fazem dos tipos gráficos e do corpo das letras. Na linguagem falada, o modo como as palavras soam, a sua musicalidade particular corresponde a seu aspecto icônico que pode até funcionar por similaridade em relação ao seu referente, como ocorre com palavras do tipo olho, por exemplo, em que se tem uma similaridade visual da escrita – O O – com os próprios olhos.

5. Como os signos são interpretados?

A teoria dos interpretantes de Peirce é um conjunto de conceitos que fazem uma verdadeira radiografia ou até uma microscopia de todos os passos através dos quais os processos interpretativos ocorrem.

Como já se viu, o interpretante é o terceiro elemento da tríade de que o signo se constitui. O objeto é aquilo que determina o signo e que o signo representa. Já o interpretante é o efeito interpretativo que o signo produz em uma mente real ou meramente potencial. Para radiografar o circuito da interpretação, Peirce partiu de três tipos básicos de interpretante. Assim como o signo tem dois objetos, o imediato e o dinâmico, ele tem também três interpretantes. São só dois objetos porque a relação de referência do signo com aquilo que ele representa é uma relação dual. É só no processo interpretativo que essa relação dual se completa. Daí o interpretante ser triádico, pois há, pelo menos, três passos para que o percurso da interpretação se realize.

— 23 —

Antes de tudo, é preciso considerar que interpretante não quer dizer intérprete. É algo mais amplo, mais geral. O intérprete tem um lugar no processo interpretativo, mas este processo está aquém e vai além do intérprete. Logo, o primeiro nível do interpretante é chamado de interpretante imediato. É um interpretante interno ao signo. Assim como o signo tem um objeto imediato, que lhe é interno, também tem um interpretante interno. Trata-se do potencial interpretativo do signo, quer dizer, de sua interpretabilidade ainda no nível abstrato, antes de o signo encontrar um intérprete qualquer em que esse potencial se efetive.

Um livro em uma livraria, por exemplo, tem um potencial para ser interpretado, antes mesmo que qualquer pessoa o tenha aberto para ler. As palavras estão lá com toda a carga de significação que elas contêm. Quando um leitor ler o livro, algo dessa carga de significação se atualizará, se efetivará. Mas isso não quer dizer que o poder para ser interpretado já não esteja nos próprios signos de que o livro é feito.

Uma pintura em uma parede, músicas em um CD, um vídeo em uma fita, todos eles contêm internamente um potencial para serem interpretados tão logo encontrem um intérprete. Esse potencial é o interpretante imediato do signo. É algo que pertence ao signo na sua objetividade. Uma comédia no teatro ou cinema, por exemplo, não está apta a levar seus espectadores ao choro, pois há nela determinadas características que delineiam o perfil de sua interpretabilidade.

O segundo nível é o do interpretante dinâmico, que se refere ao efeito que o signo efetivamente produz em um intérprete. Tem-se aí a dimensão psicológica do interpretante, pois se trata do efeito singular que o signo produz em cada intérprete particular. Esse efeito ou interpretante dinâmico, por sua vez, de acordo com as três categorias da primeiridade, secundidade e terceiridade, subdivide-se em três níveis: interpretante emocional, energético e lógico.

O primeiro efeito que um signo está apto a provocar em um intérprete é uma simples qualidade de sentimento, isto é, um in-

Bases teóricas para a aplicação

terpretante emocional. Ícones tendem a produzir esse tipo de interpretante com mais intensidade: músicas, poemas, certos filmes trazem qualidades de sentimento para o primeiro plano. Mas os interpretantes emocionais estão sempre presentes em quaisquer interpretações, mesmo quando não nos damos conta deles.

O segundo efeito de significado de um signo é o energético, que corresponde a uma ação física ou mental, quer dizer, o interpretante exige um dispêndio de energia de alguma espécie. Índices tendem a produzir esse tipo de interpretante com mais intensidade, pois os índices chamam nossa atenção, dirigem nossa retina mental ou nos movimentam na direção do objeto que eles indicam.

O terceiro efeito de significado de um signo é o interpretante lógico, quando o signo é interpretado através de uma regra interpretativa internalizada pelo intérprete. Sem essas regras interpretativas, os símbolos não poderiam significar, pois o símbolo está associado ao objeto que representa através de um hábito associativo que se processa na mente do intérprete e que leva o símbolo a significar o que ele significa. Em outras palavras, o símbolo está conectado a seu objeto em virtude de uma ideia da mente que usa o símbolo, sem o que uma tal conexão não existiria. Portanto, é no interpretante que se realiza, por meio de uma regra associativa, uma associação de ideias na mente do intérprete, associação esta que estabelece a conexão entre o signo e seu objeto. Daí Peirce ter repetido muitas vezes que o símbolo se constitui como tal apenas através do interpretante.

Isso nos leva a compreender por que só o símbolo é genuinamente triádico. A lei que lhe dá fundamento tem de estar internalizada na mente de quem o interpreta, sem o que o símbolo não pode significar. O hino nacional só simboliza o Brasil para quem internalizou essa convenção. Por isso mesmo, para agir como signo, o símbolo independe de uma conexão factual com seu objeto (caso do índice), assim como independe de qualquer semelhança com seu objeto (caso do ícone).

Dentro do interpretante lógico, Peirce introduziu um conceito

Semiótica aplicada

muito importante, o de interpretante lógico último, que equivale a mudanças de hábito. De fato, se as interpretações sempre dependessem de regras interpretativas já internalizadas, não haveria espaço para a transformação e a evolução. A mudança de hábito introduz esse elemento transformativo e evolutivo no processo de interpretação.

O terceiro nível do interpretante é o interpretante final, que se refere ao resultado interpretativo a que todo intérprete estaria destinado a chegar se os interpretantes dinâmicos do signo fossem levados até o seu limite último. Como isso não é jamais possível, o interpretante final é um limite pensável, mas nunca inteiramente atingível.

Na relação do signo com o interpretante final, vamos encontrar novamente três níveis de interpretante: rema, dicente e argumento. Um signo é um rema para o seu interpretante quando for um signo de possibilidade qualitativa. Assim são prioritariamente os ícones. O rema não vai além de uma conjectura, de uma hipótese interpretativa. Quando uma qualidade é tomada como signo de uma outra qualidade sob efeito de alguma comparação, essa operação é sempre hipotética. Por exemplo, quando dizemos que uma nuvem tem a forma de um castelo, essa comparação não passa de uma conjectura. Como se pode ver, se temos diante de nós qualissignos icônicos, eles só podem produzir interpretantes remáticos.

Um dicente é um signo de existência real, portanto não pode ser um ícone, uma vez que este não dá base para uma interpretação de que algo se refere a uma existência real. Quando dizemos que o copo está sobre a mesa, este é um signo de existência real, pois sua veracidade pode ser constatada no local em que o copo deveria estar. Por isso mesmo, dicentes são interpretantes de sinsignos indiciais.

Para o seu interpretante, o argumento é um signo de lei. A base do argumento está nas sequências lógicas de que o legissigno simbólico depende.

Podemos dizer, enfim, que um rema é um signo que é enten-

— 26 —

Bases teóricas para a aplicação

dido como representando seu objeto apenas em seus caracteres; que um dicissigno é um signo que é entendido como representando seu objeto com respeito à existência real e que um argumento é um signo que é entendido como representando seu objeto em seu caráter de signo.

Como se pode ver, os níveis do interpretante incorporam não só elementos lógicos, racionais, como também emotivos, sensórios, ativos e reativos como parte do processo interpretativo. Este se constitui em um compósito de habilidades mentais e sensórias que se integram em um todo coeso. São essas habilidades que precisamos desenvolver na prática das leituras semióticas, como esperamos poder deixar explícito nos próximos capítulos.

2

Percurso para a aplicação

O s conceitos teóricos explicitados no capítulo anterior funcionam como alicerces para as leituras e análises semióticas. A sequência em que eles apareceram é também indicadora dos passos a serem seguidos no percurso das análises visadas, conforme será explicitado neste capítulo. Para isso, o leitor pode também encontrar em Ferreira (1997) uma outra fonte de consulta na apresentação que a autora faz de um roteiro para análises semióticas que é similar ao percurso apresentado a seguir. Assim sendo, diante de um processo de signos que se quer ler semioticamente, o primeiro passo a ser dado é o fenomenológico: contemplar, então discriminar e, por fim, generalizar em correspondência com as categorias da primeiridade, secundidade e terceiridade.

1. Abrir-se para o fenômeno e para o fundamento do signo

Peirce nos adverte que o exercício da fenomenologia exige de nós tão só e apenas abrir as portas do espírito e olhar para os fenômenos. O primeiro olhar que devemos dirigir a eles é o olhar contemplativo. Contemplar significa tornar-se disponível para o que está diante dos nossos sentidos. Desautomatizar tanto quanto possível

Semiótica aplicada

nossa percepção. Auscultar os fenômenos. Dar-lhes chance de se mostrarem. Deixá-los falar. Para Peirce, essa capacidade contemplativa corresponde à rara capacidade que tem o artista de ver as cores aparentes da natureza como elas realmente são, sem substituí-las por nenhuma interpretação. Nossas interpretações vêm sempre muito depressa, sem nos dar tempo para simplesmente nos abrirmos com certa singeleza para o que se apresenta. Essa candidez intelectiva nos disponibiliza para as primeiras impressões tanto sensórias quanto abstratas que os fenômenos despertam em nós.

Passear por um bosque europeu, em um verão ameno, onde a exuberância do verde é atravessada por feixes de luz e a frenética e delicada orquestração dos pássaros se faz acompanhar pelo frescor da terra é uma experiência fadada a produzir qualidades de sentimento, impressões vagamente definidas de prazer e bem-estar físico e espiritual que nos predispõem para a contemplação e meditação livre que se aproximam do estado desarmado que é próprio da primeiridade. O efeito estético produzido em nós pelas obras de arte, por certos filmes, pela audição da música, por muitos poemas leva esse estado ao seu limiar mais bem realizado quando se dá a suspensão dos nossos julgamentos na demora do sensível.

É algo similar a esse estado que temos de aprender a desenvolver quando nos colocamos diante de processos de signos que pretendemos ler semioticamente. Em um primeiro momento, pelo menos, temos de dar aos signos o tempo que eles precisam para se mostrarem. Sem isso, estamos destinados a perder a sensibilidade para seus aspectos qualitativos, para seu caráter de qualissigno. Aquilo que apela para a nossa sensibilidade e sensorialidade são qualidades. O signo diz o que diz, antes de tudo, através do modo como aparece, tão somente através de suas qualidades.

Nesse nível, portanto, o signo é considerado como pura possibilidade qualitativa. Para isso, é preciso ter porosidade para suas qualidades sem a pressa das interpretações já prontas. A capacidade para apreender qualissignos deve ser aprendida. Ela só parece natural ao artista porque qualidades de linhas, cores, formas, volumes, texturas, sons, movimentos, temporalidade etc. se constituem no material mesmo com que os artistas trabalham. Para desenvolver essa capacidade, temos de expor pacientemente nossos sentidos às qualidades dos fenômenos, deixá-los aparecer tão só e apenas como qualissignos.

O segundo tipo de olhar que devemos dirigir para os fenômenos é o olhar observacional. Nesse nível, é a nossa capacidade perceptiva que deve entrar em ação. Estar alerta para a existência singular do fenômeno, saber discriminar os limites que o diferenciam do contexto ao qual pertence, conseguir distinguir partes e todo. Aqui, trata-se de estar atento para a dimensão de sinsigno do fenômeno, para o modo como sua singularidade se delineia no seu aqui e agora.

Segundo Ferreira (1997), esse segundo tipo de fundamento do signo implica a observação do modo particular como o signo se corporifica, a observação de suas características existenciais, quer dizer, daquilo que é nele irrepetível, único. Para isso, é necessário desenvolver considerações situacionais sobre o universo no qual o signo se manifesta e do qual é parte.

Quando analisamos o modo de existência de um determinado fenômeno, estamos analisando-o no seu caráter de sinsigno. Por exemplo: o relógio digital particular que tenho em frente a mim. Fabricado industrialmente, ele vem do mesmo protótipo de uma infinidade de relógios iguais a ele. Mas este tem uma história própria. Por tomar sol quase todos os dias perto da janela, adquiriu uma certa descoloração e perdeu um pouco do brilho devido ao envelhecimento do material de que é feito. É certo que esses aspectos de descoloração e perda de brilho são claramente aspectos qualitativos, mas o modo como essas qualidades estão encarnadas nesse corpo particular com um tempo histórico que lhe é próprio diz respeito ao seu aspecto de sinsigno.

Ao se considerar que todo existente deve se compor com outros existentes em uma classe que lhes é própria, constata-se que todo sinsigno é, em alguma medida, uma atualização de um legis-

Semiótica aplicada

signo. Nesse ponto, entramos na dimensão do terceiro tipo de olhar que devemos dirigir aos fenômenos, isto é, aquele que brota do desenvolvimento da capacidade de generalização que os matemáticos levam ao seu ponto máximo. Trata-se aqui de conseguir abstrair o geral do particular, extrair de um dado fenômeno aquilo que ele tem em comum com todos os outros com que compõe uma classe geral. Esse relógio particular é um relógio entre outros que vieram do mesmo protótipo industrial. Embora tenha uma existência que é só dele, ele é também um tipo de relógio. Em um nível de abstração ainda maior, relógios pertencem a uma classe ainda mais geral que é a classe dos objetos produzidos em série; do mesmo modo, objetos produzidos em série pertencem a uma classe que os diferencia de objetos produzidos artesanalmente, e assim por diante. Essas generalizações são próprias do aspecto de lei do fundamento do signo.

Em suma, para se detectar as funções desempenhadas pelos legissignos, deve-se dirigir a atenção para as regularidades, as leis, ou seja, para os aspectos mais abstratos do fenômeno, responsáveis por sua localização numa classe de fenômenos.

O que deve ser compreendido nesse passo da análise é que os sinsignos dão corpo aos qualissignos enquanto os legissignos funcionam como princípios-guias para os sin-signos. Quali-sin-legissignos, os três tipos de fundamentos dos signos, são, na realidade, três aspectos inseparáveis que as coisas exibem, aspectos esses ou propriedades que permitem que elas funcionem como signos. O fundamento do signo, como o próprio nome diz, é o tipo de propriedade que uma coisa tem que pode habilitá-la a funcionar como signo, isto é, que pode habilitá-la a representar algo que está fora dela e produzir um efeito em uma mente interpretadora.

Nesse nível da análise em que nossa atenção se volta apenas para o fundamento do signo, isto é, para o signo em si, devemos fazer um certo esforço consciente para ignorar todos os outros aspectos do signo, tanto sua relação com o objeto como com o interpretante. Como bem nos lembra Ferreira (1997), na posição da-

— 32 —

queles que leem o signo, estamos inevitável e obviamente na posição de intérpretes e, portanto, estamos desempenhando o papel previsto em um dos níveis do interpretante dos signos que estão sendo analisados, a saber, o interpretante dinâmico. Entretanto, quando dizemos que devemos ignorar a relação do signo com o interpretante, queremos significar com isso que essa relação não está sendo tematizada nesse momento.

Cabe aqui um sinal de alerta bem sutil. Quando nos reportamos ao fundamento do signo, a realidade de fenômeno e de signo se misturam. O que quer dizer isso? Um signo está sempre encarnado, corporificado em uma "coisa". Para Peirce, o mundo não é feito de coisas, de um lado, e de signos, de outro, como se as coisas fossem materiais e as linguagens, os signos, imateriais. Todo signo, segundo Peirce, está encarnado em alguma espécie de coisa, quer dizer, todo signo é também um fenômeno, algo que aparece à nossa mente. Por isso, todas as coisas podem funcionar como signos sem deixarem de ser coisas. Agir como signos é um dos aspectos das coisas ou fenômenos. Assim, as palavras que você lê agora têm seu corpo físico no papel impresso deste livro. Imagens têm seu corpo físico em películas, papéis, telas eletrônicas etc. Sons têm seu corpo físico na vibração do ar, e assim por diante. Mesmo o pensamento mais abstrato tem uma materialidade própria na neuroanatomia do cérebro.

Uma vez que o fundamento do signo é uma propriedade que existe nas coisas que as faz agir como signos, quando analisamos o fundamento que é o nível primeiro dos signos, nesse nível os signos nos aparecem como fenômenos, quer dizer, estamos ainda no domínio da fenomenologia. Atravessamos esse domínio na direção da semiótica no momento em que passamos a buscar nos fenômenos as três propriedades que os habilitam a agir como signos: as qualidades, sua existência e seu aspecto de lei.

Depois de analisado o fundamento, podemos passar para a análise do objeto do signo.

Semiótica aplicada

2. Explorar o poder sugestivo, indicativo e representativo dos signos

Neste momento da análise, devemos recordar que a relação do signo com o objeto diz respeito à capacidade referencial ou não do signo. A que o signo se refere? A que ele se aplica? O que ele denota? O que ele representa? Para tal, temos de considerar que o signo tem dois objetos: o objeto dinâmico e o objeto imediato. O melhor caminho para começar a análise da relação objetal é o do objeto imediato. Afinal, parece não haver outro modo de começar, visto que o objeto dinâmico só se faz presente, mediatamente, via objeto imediato, este interno ao signo.

O objeto imediato, como já vimos, é o modo pelo qual aquilo que o signo representa está, de alguma maneira e em uma certa medida, presente no próprio signo. O objeto imediato depende, portanto, da natureza do fundamento do signo, pois é o fundamento que vai determinar o modo como o signo pode se referir ou se aplicar ao objeto dinâmico que está fora dele. Novamente aqui devemos desenvolver três espécies de olhares.

A primeira espécie de olhar é aquela que leva em consideração apenas o aspecto qualitativo do signo, apenas sua face de qualis-signo. A apreensão do objeto imediato do qualissigno exige do contemplador uma disponibilidade para o poder de sugestão, evocação, associação que a aparência do signo exibe. Sob esse olhar, o objeto imediato coincide com a qualidade de aparência do signo, uma vez que qualidades de aparência podem se assemelhar a quaisquer outras qualidades de aparência. Assim, a pele aveludada de uma jovem mulher pode se assemelhar à pele imaculada de um pêssego. Vem daí a metáfora "pele de pêssego".

A segunda espécie de olhar é aquela que leva em consideração apenas o aspecto existente de um signo, isto é, o sinsigno. Neste caso, o objeto imediato é a materialidade do signo como parte do universo a que o signo existencialmente pertence. Aqui, o objeto imediato aparece como parte de um outro existente, a saber, o objeto

— 34 —

Percurso para a aplicação

dinâmico que está fora dele. Esse é o caso de uma foto cujo objeto imediato está no enquadramento e ângulo específicos que aquela foto fez do objeto fotografado. Quer dizer, a imagem que aparece na foto é apenas uma parte de algo maior que a foto não pode abraçar por inteiro.

A terceira espécie de olhar que devemos dirigir ao fundamento do signo é aquela que leva em conta a propriedade da lei, o legissigno como fundamento. Dessa forma, o objeto imediato é um certo recorte que o objeto imediato apresenta de seu objeto dinâmico. Esse recorte coincide com um certo estágio de conhecimento ou estágio técnico com que o signo representa seu objeto. Uma máquina fotográfica lambe-lambe não pode representar o objeto retratado do mesmo modo que uma sofisticada máquina fotográfica moderna, nem as convenções fotográficas que valiam para o passado continuam a valer agora. O modo como a mulher está representada nos romances do século XIX, de Eça de Queirós, não é o mesmo com que a mulher está representada nos romances portugueses contemporâneos.

Uma vez que no legissigno aquilo que o objeto imediato representa é ele próprio um signo, a tendência, neste caso, é a de que quanto mais tentamos nos aproximar do objeto dinâmico, mais mediações vão sendo exigidas. Neste caso, são as finalidades visadas pela análise que fazemos que deverão determinar até onde deve ir a regressão de signos que representam signos na direção do objeto dinâmico.

O exame do objeto imediato nos remete diretamente para o objeto dinâmico. Por isso mesmo, fica difícil pensar os dois separadamente. No entanto, a separação imposta pela análise, que nos leva ao exame cuidadoso dos objetos imediatos do qualissin e legissignos, pode nos revelar aspectos importantes do signo que nos passariam despercebidos se fôssemos apressadamente para a determinação de seu campo de referência sem nos demorarmos na análise do modo como esse campo de referência se constitui dentro do signo.

— 35 —

Falar em objeto dinâmico significa falar do modo como o signo se reporta àquilo que ele intenta representar. O objeto dinâmico determina o signo, mas nós só temos acesso àquilo que o signo representa pela mediação do objeto imediato, interno ao signo. Há três modos através dos quais os signos se reportam aos seus objetos dinâmicos: o modo icônico, o indicial e o simbólico.

Assim como a análise do objeto imediato depende do exame do fundamento do signo, a análise do objeto dinâmico depende do exame desses dois níveis anteriores. A análise semiótica deve se efetivar em um crescendo. Desse modo, a base para analisar o aspecto icônico do signo está no seu fundamento e no seu objeto imediato, ambos coincidentes com as qualidades que o signo exibe. Uma vez que o ícone é um signo que representa seu objeto por apresentar qualidades em comum com ele, a única capacidade referencial que o ícone pode ter é a de apresentar algum grau de semelhança com as qualidades de algum objeto. Por isso mesmo, as referências do ícone são muito abertas, ambíguas, indeterminadas. Elas dependem do campo associativo por similaridade que os qualissignos despertam na mente de algum intérprete. Quando exploramos o aspecto icônico do signo, devemos estar atentos ao poder sugestivo e evocativo dos qualissignos, pois é desse poder que depende a possível referencialidade dos ícones.

Enquanto nos ícones a referencialidade é aberta, nos índices ela é direta e pouco ambígua. A análise da indexicalidade é a mais fácil de ser conduzida, basta estar atento para as direções em que o sinsigno aponta. Sinsignos dirigem a retina mental de um eventual intérprete para os objetos dinâmicos de que os sinsignos são partes. Por isso, os índices têm a forma de vestígios, marcas, traços, e, no caso da linguagem verbal, de referências factuais. Diferentemente dos ícones que, para funcionarem como signos, dependem de hipotéticas relações de similaridade, os índices são existentes com os quais estamos continuamente nos confrontando na experiência vivida.

Embora bem menos simples do que a análise do aspecto indicial do signo, a do aspecto simbólico pode ser muito rica. Tendo sua base nos legissignos que, na semiose humana, são, quase sempre, convenções culturais, o exame cuidadoso do símbolo nos conduz para um vasto campo de referências que incluem os costumes e valores coletivos e todos os tipos de padrões estéticos, comportamentais, de expectativas sociais etc.

Da análise da referencialidade dos signos, passamos, então, para o exame do processo interpretativo em todos os seus níveis.

3. Acompanhar os níveis interpretativos do signo

É só na relação com o interpretante que o signo completa sua ação como signo. É apenas nesse ponto que ele age efetivamente como signo. Entretanto, quando o signo é interpretado, esse ato embute os outros dois aspectos do signo: o de seu fundamento e o da sua relação com o objeto. Quando interpretamos signos – aliás, algo que estamos fazendo continuamente, sem descanso –, nossas interpretações são intuitivas e não nos damos conta da complexidade das relações que estão implicadas nesse ato. Contrariamente a isso, ao analisarmos signos, temos de tornar essas relações explícitas. É por isso que a análise dos interpretantes deve estar alicerçada na leitura cuidadosa tanto dos aspectos envolvidos no fundamento do signo como nos aspectos envolvidos nas relações do signo com seu objeto.

Tais cuidados são importantes para que não fiquemos presos nas armadilhas dos estereótipos. Pessoas inexperientes na análise semiótica costumam chegar apressadamente a suas interpretações sem levar em conta o fundamento e os objetos do signo. Quando isso se dá, pensando estar interpretando o signo, o intérprete, na maior parte das vezes, está apenas impondo sobre o signo uma interpretação já pronta extraída de um repertório prévio. Esse tipo de interpretação só não é inteiramente arbitrário porque a intui-

Semiótica aplicada

ção, que está sempre subjacente a qualquer ato interpretativo, tem uma força própria capaz de produzir iluminações que vão além dos estereótipos.

São três os níveis do interpretante, como foi visto no capítulo anterior, dos quais a análise deve dar conta. O primeiro nível é o imediato, que diz respeito ao potencial que o signo tem para produzir certos efeitos, e não outros, no instante do ato interpretativo a ser efetuado por um intérprete. Sendo interno ao signo, esse interpretante fica no nível das possibilidades, apenas latente, à espera de uma mente interpretadora que venha efetivar, no nível logicamente subsequente, o do interpretante dinâmico ou atual, algumas dessas possibilidades. No caso do ícone, essas possibilidades são sempre abertas, pois nada no ícone é definitivo. Tudo depende das cadeias associativas que o signo icônico está apto a provocar no intérprete, assim como depende da maior ou menor riqueza do repertório cultural do intérprete que o capacite a inferir as sugestões que, nos ícones, costumam ser férteis.

No caso dos índices, as possibilidades interpretativas são fechadas, mesmo quando se consideram os casos de índices que apontam para uma pluralidade de direções. Por ser uma relação dual, na qual signo e objeto estão dinamicamente conectados, o potencial interpretativo dos índices se reduz à ligação existencial de um signo indicando seu objeto ou objetos. O símbolo, por seu lado, tem um potencial interpretativo inexaurível. Todo símbolo é incompleto na medida em que só funciona como signo porque determina um interpretante que o interpretará como símbolo, e assim indefinidamente. Basta um exemplo: o que significava a palavra "criança", no século XVIII, e o que ela significa hoje? Os símbolos crescem porque seu potencial para significar e ser interpretados não se esgota em nenhuma interpretação particular. O símbolo é um signo geral, e, para Peirce, "geral" é tudo aquilo que nenhum particular pode exaurir.

Quando analisamos o interpretante imediato em um processo de signos, temos de levar em consideração o fato de que, por ser

Percurso para a aplicação

um interpretante em abstrato, potencial, o que fazemos na realidade, no ato da análise, é levantar, a partir do exame cuidadoso da natureza do signo, da relação com o objeto e do potencial sugestivo, no seu aspecto icônico, referencial, no seu aspecto indicial, e significativo, no seu aspecto simbólico, algumas das possibilidades que julgamos que o signo apresenta. Ora, quando levantamos essas possibilidades, assim o fazemos na posição do interpretante dinâmico, isto é, na posição de uma mente interpretadora singular, de um intérprete particular daquela semiose específica que está sob nosso exame.

É muito importante lembrar que, em todo ato de análise semiótica, sempre ocupamos a posição lógica do interpretante dinâmico, pois analisar também significa interpretar. Uma semiose só pode ser estudada a partir do ponto de vista do analista. Este ponto de vista corresponde, na semiose, ao lugar do interpretante dinâmico. A diferença que vai entre uma interpretação analítica e uma interpretação intuitiva, muito embora a primeira não exclua a segunda, está na utilização que a análise faz das ferramentas conceituais que permitem examinar como e por que a sugestão, a referência e a significação são produzidas.

Saber que estamos na posição do interpretante dinâmico, ou seja, de uma interpretação singular é um indicador de um certo teor de humildade que deve sempre nos acompanhar, pois interpretações singulares são sempre incompletas e falíveis. Mas é a consciência mesma da falibilidade que deve nos munir de energia e empenho para que a análise seja tão cuidadosa e escrupulosa quanto possível, o que implica um conhecimento seguro dos conceitos e de sua operacionalização analítica.

Como contraponto para as análises individuais, e na tentativa de evitar a singularidade que lhes é própria, a ciência faz uso das pesquisas de campo, pois estas têm por função avaliar que efeitos um dado processo de signos está produzindo em um determinado universo de pessoas. Não obstante a importância desse tipo de pesquisa, não se pode esquecer que seus resultados se baseiam em

Semiótica aplicada

quantificações de atos interpretativos meramente intuitivos. Assim sendo, o que se ganha em coletivização da interpretação perde-se em acuidade analítica. A importância dessa acuidade para se conhecer o potencial comunicativo de um determinado processo de signos advém do fato de que, quando analisamos signos, estamos diante de um processo interpretativo que tem por objeto um outro processo que também tem natureza comunicativa e interpretativa.

Isso posto, cumpre ainda ressaltar que, se o interpretante imediato é um interpretante abstrato, meramente potencial, a rigor, quando, no ato de análise, falamos sobre o interpretante imediato, com base naquilo que os vários aspectos anteriormente analisados da semiose nos permitiu perceber, já estamos antecipando as conclusões do interpretante dinâmico, quer dizer, já estamos nos colocando na pele de um intérprete singular com sua interpretação particular. Isso é inevitável. De todo modo, a diferença que vai entre o interpretante imediato e o dinâmico, no processo analítico, está no respeito que se deve ter, na etapa do interpretante imediato, pela objetividade semiótica (ver Ransdell 1979), quer dizer, o respeito pela potencialidade do signo para sugerir, indicar e significar, potencialidade esta que está inscrita no próprio signo e da qual o ato interpretativo virá atualizar apenas uma gama.

Quando, na análise de uma semiose, chegamos na etapa do interpretante dinâmico, estaremos explicitando os níveis interpretativos que as diferentes facetas do signo efetivamente produzem em um intérprete, no caso, o próprio analista. Os níveis interpretativos efetivos distribuem-se em três camadas: a camada emocional, ou seja, as qualidades de sentimento e a emoção que o signo é capaz de produzir em nós; a camada energética, quando o signo nos impele a uma ação física ou puramente mental; e a camada lógica, esta a mais importante quando o signo visa produzir cognição. Se o intérprete não tiver internalizado a regra interpretativa para guiar uma determinada interpretação, pode-se ficar sob a dominância do nível energético ou mesmo do puramente emotivo. Esse é o caso muito comum na música. Os intérpretes que não têm

— 40 —

Percurso para a aplicação

conhecimento musical ficam sob o domínio do interpretante emocional ou do energético, quando dançam sob efeito da música ou fazem algum esforço para compreender seus pressupostos, não atingindo do interpretante lógico nada além da simples constatação de que se trata de algum tipo de música: popular, clássica, instrumental, cantada etc.

Quanto ao interpretante final, este não pode ser nunca efetivamente alcançado por um intérprete particular. Como já afirmei em um outro contexto (Santaella 2000: 99), leitores desavisados costumam tomar o termo "final" ao pé da letra, confundindo-o com o significado empírico, estático e definitivo do signo. Ao contrário, "final" refere-se aí ao teor coletivo da interpretação, um limite ideal, aproximável, mas inatingível, para o qual os interpretantes dinâmicos tendem.

4. Questões para memorizar

Antes de terminarmos este roteiro, devem ser assinalados alguns pontos essenciais que o percurso pressupõe. Esses pontos foram apresentados por Ferreira (1997) com base em alguns cursos sobre metodologia semiótica que ministrei na Pontifícia Universidade Católica de São Paulo (PUC-SP). Dada a relevância desses pontos para quem pretende analisar processos de signos, não custa aqui colocá-los novamente em destaque.

- A característica fundamental do percurso de uma análise semiótica é que seus passos buscam seguir a própria lógica interna das relações do signo. Essa lógica, aliás, já está explicitada nas numerações de 1, 2 e 3 que seguem a lógica das categorias. Assim, o fundamento do signo, em nível 1, deve ser analisado antes da relação do signo com o objeto, nível 2. O objeto imediato, nível 2.1, deve anteceder o exame do objeto dinâmico, nível 2.2, e assim por diante. É claro que, na percepção, todos esses níveis sempre se misturam,

— 41 —

Semiótica aplicada

mas o percurso analítico, que é um percurso autocontrolado, e tanto quanto possível autocriticado, deliberadamente estabelece passos para a análise.

- A semiose, de acordo com Peirce, é um processo ininterrupto, que regride infinitamente em direção ao objeto dinâmico e progride infinitamente em direção ao interpretante final. Assim sendo, quando realizamos uma análise semiótica, precisamos estabelecer alguns cortes arbitrários, sob o ponto de vista externo, mas internamente necessários: como e onde colocar um limite no objeto dinâmico? As necessidades internas que mencionamos referem-se às necessidades que são ditadas pelo próprio objeto analisado, sob o ponto de vista em que está sendo analisado. Os limites impostos à regressão do objeto dinâmico devem ser ditados pelas exigências internas da análise. O que, afinal, queremos revelar com a análise? Que objetivos ela visa atingir? É essa pergunta que deve sempre estar norteando até onde se vai na pesquisa do objeto dinâmico e onde se deve parar o processo interpretativo.

- O signo é múltiplo, variável e modifica-se de acordo com o olhar do observador que, na semiose analítica, na sua posição de interpretante dinâmico, também é signo em diálogo com o signo que está sendo interpretado. Mas é preciso lembrar que o signo tem uma autonomia relativa em relação ao seu intérprete. Seu poder evocativo, indicativo e significativo não depende inteiramente do intérprete. Este apenas atualiza alguns níveis de um poder que já está no signo. É por isso que analisar semioticamente significa empreender um diálogo de signos, no qual nós mesmos somos signos que respondem a signos.

- Nenhum signo pertence exclusivamente a um tipo apenas. Iconicidade, indexicalidade e simbolicidade são aspectos presentes em todo e qualquer processo sígnico. O que há, nos processos sígnicos, na realidade, é a preponderância de

— 42 —

Percurso para a aplicação

um desses aspectos sobre os outros, como são os casos da preponderância do ícone na arte, do símbolo em um discurso científico, do índice nos sinais de trânsito.

- Não há nenhum critério apriorístico que possa infalivelmente decidir como uma dada semiose funciona, pois tudo depende do contexto de sua atualização e do aspecto pelo qual ela é observada e analisada. Enfim, não há receitas prontas para a análise semiótica. Há conceitos, uma lógica para sua possível aplicação. Mas isso não dispensa a necessidade de uma heurística por parte de quem analisa e, sobretudo, da paciência do conceito e da disponibilidade para auscultar os signos e para ouvir o que eles têm a dizer.
- Quando analisamos semioticamente, estamos sempre na posição do interpretante dinâmico, de um intérprete singular e, por isso mesmo, falível. Isso só aumenta nossa responsabilidade, pois toda semiose tem uma objetividade semiótica que deve ser respeitada.

Quanto às análises que se seguirão neste livro, cumpre alertar o leitor para o fato de que nem todos os conceitos semióticos apresentados neste e no capítulo anterior aparecem em todas as análises. Que conceitos devem ser acionados e quão longe se vai no uso deles é algo para ser decidido de acordo com as exigências daquilo que está sendo analisado. Assim sendo, algumas análises seguem o roteiro com certa precisão, outras fazem um uso mais livre dos conceitos.

PARTE I

NÍVEL ELEMENTAR

PARTE I

NÍVEL ELEMENTAR

3

Análise comparada do design de embalagens

A versão original, agora modificada, da análise que se apresenta neste capítulo e das duas subseqüentes, presentes nos capítulos 4 e 5, foram realizadas, com a colaboração de Maria Clotilde Perez, para a sede paulista do Instituto de Pesquisa Ipsos-Novaction. Nesse contexto, a análise semiótica tinha por função revelar o potencial comunicativo das peças publicitárias como complemento para as análises qualitativas nas quais o instituto é especializado.

1. Considerações sobre os procedimentos de análise

Conforme já foi explicitado no Capítulo 1, a semiótica peirceana tem três grandes ramos: a gramática especulativa ou teoria e classificações dos signos; a lógica crítica que estuda os tipos de argumentos – abdutivos, indutivos e dedutivos; a metodêutica ou teoria do método científico. A primeira divisão é certamente a mais importante quando se pretende analisar semioticamente linguagens manifestas, visto que ela nos fornece as definições e classificações gerais de todos os tipos de códigos, linguagens, signos, sinais etc. de qualquer espécie e dos principais aspectos que os envolvem, a saber: significação, representação, objetivação e interpretação. É nessas definições e classificações, portanto, que podem ser buscados os princípios-guias para o método de análise de peças publi-

Semiótica aplicada

citárias, em qualquer meio que essas peças possam aparecer: em meios impressos, na fotografia, em filmes, vídeo, televisão etc.

A teoria semiótica nos habilita a penetrar no movimento interno das mensagens, o que nos dá a possibilidade de compreender os procedimentos e recursos empregados nas palavras, imagens, diagramas, sons e nas relações entre eles, permitindo a análise das mensagens em vários níveis, como se segue:

1.1 As mensagens em si mesmas

As mensagens podem ser analisadas em si mesmas, nas suas propriedades internas, quer dizer, nos seus aspectos qualitativos, sensórios, tais como, na linguagem visual, por exemplo, as cores, linhas, formas, volumes, movimento, dinâmica etc., quando, em terminologia semiótica, estaremos analisando os quali-signos das mensagens.

Podem também ser analisadas no seu aspecto singular, como uma mensagem que existe, aqui e agora, em um determinado contexto, oferecendo-se à percepção. Neste caso, estaremos analisando os sin-signos de uma mensagem.

Mensagens podem ainda ser examinadas no seu caráter geral de algo que pertence a uma classe de coisas, quando estaremos analisando os legi-signos das mensagens.

1.2 A referencialidade das mensagens

Toda mensagem indica, refere-se ou se aplica a alguma coisa que está fora da própria mensagem. Sob esse aspecto as mensagens também podem ser examinadas em três níveis:

Quando a capacidade de aplicação ou a referencialidade das mensagens deriva simplesmente de seu poder de sugestão que brota de seus aspectos sensoriais, qualitativos, estaremos falando de ícones.

Quando a referencialidade é direta, isto é, quando as mensagens indicam sem ambigüidade, no mundo existente, aquilo a que elas se referem, estaremos falando de índices.

Quando as mensagens têm o poder de representar idéias abstratas, convencionais, estaremos falando de símbolos.

1.3 A interpretação das mensagens

Nos tipos de efeitos que as mensagens estão aptas a produzir nos seus receptores, isto é, nos tipos de interpretação que elas têm o potencial de despertar nos seus usuários, surgem três níveis. Há efeitos interpretativos puramente emocionais. Há efeitos que são reativos, quando a interpretação é efetuada através de uma ação. Há efeitos que têm a natureza do pensamento, quando a interpretação tem um caráter lógico.

Tendo esse panorama geral em vista, nosso percurso analítico ou metodológico pode dar conta das questões relativas às diferentes naturezas que as mensagens podem ter, às suas misturas possíveis (palavra e imagem, por exemplo), aos seus processos de referência ou aplicabilidade, e aos modos como, no papel de receptores, as percebemos, sentimos e entendemos, enfim, como reagimos diante delas.

2. Apresentação geral das três opções de *design*

Diante de três opções de *design* de rótulo e embalagem dos produtos de limpeza da marca *Poliflor*, esta análise semiótica terá por função nos habilitar a escolher, dentre os três, o rótulo e embalagem que é capaz de transmitir sua mensagem com mais eficácia. Para isso, será apresentado um panorama muito geral das três opções seguido de uma breve apresentação daquilo que as três alternativas têm em comum. Esse panorama geral será então seguido pela análise mais detalhada de cada uma das opções e das justificativas que levaram à escolha de uma entre as três opções.

Semiótica aplicada

2.1 O rastro do brilho

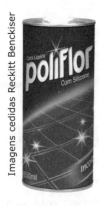

Figura 3.1

Essa opção, a que dei o nome de "rastro do brilho", mantém sua unidade de conjunto através do rastro do brilho que os produtos *Poliflor* deixam por onde passam. A limpeza e o brilho ficam mais evidenciados pelo uso das estrelinhas, sinais visuais de brilho, que pontilham o rastro da ação do produto. Esse rastro marca com muita clareza a oposição entre o brilho e o não-brilho, característica fundamental dessa alternativa. Essa oposição marcante entre duas qualidades, a de brilhar e a de não brilhar, dá a essa alternativa uma predominância qualitativa e icônica.

2.2 As imagens do brilho

Figura 3.2

Análise comparada do design de embalagens

Essa opção mantém sua unidade de conjunto através de imagens dos diferentes ambientes de uma casa. O brilho intenso desses ambientes destaca os efeitos da ação dos produtos, os resultados dessa ação. Ao indicar os locais da casa, ao apontar com clareza os resultados da ação dos produtos sobre as partes da casa em que foram aplicados, essa opção tem uma predominância referencial, quer dizer, as imagens indicam os locais da casa e neles os resultados alcançados pela ação do produto. Por isso, essa opção recebeu o nome de "As imagens do brilho".

2.3 As metáforas do brilho

Figura 3.3

Imagens cedidas Reckitt Benckiser

Essa opção mantém sua unidade de conjunto através de uma forma esférica superior, por trás da qual desponta, à maneira de uma estrela, o sinal do brilho. Outro traço de unidade é dado pela sugestão de uma folha que se abre, revelando aquilo que está por trás do uso dos produtos *Poliflor*, quer dizer, partes da casa que brilham sob efeito do uso dos produtos. A conotação do brilho que surge por trás da linha do horizonte e a conotação de revelação na folha que se levanta para mostrar o que se esconde por trás do uso do produto dão a esta alternativa predominância metafórica. Por isso mesmo, essa opção foi denominada "As metáforas do brilho".

2.4 Elementos comuns entre as três opções

São vários os traços comuns entre as três opções. É sobre esse fundo em comum que as diferenças irão se destacar. Antes disso, o exame dos caracteres semióticos comuns às três opções aqui se seguem.

2.4.1 As cores

A cor azul-noite como fundo para a logomarca *Poliflor* em branco e na cor amarela para informações adicionais sobre a especificidade de cada produto. O branco de *Poliflor*, surgindo em contraste com o azul-noite do fundo, é muito eficaz, pois sugere a luz que brota do escuro. Isso se acentua porque o azul do fundo é cor fria que produz a sensação de profundidade de campo. O amarelo, uma cor quente, também é eficaz, pois não só entra em uma certa concordância com a cor da madeira, como também sugere o brilho do Sol.

2.4.2 As linhas

A linha diagonal superior do rótulo, acompanhando a forma da embalagem do *dustguard* e mantida no lustra-móveis, é recuperada em todos os outros rótulos, em cada alternativa de uma maneira própria, mas sempre mantida. Essa linha diagonal é também eficaz porque sugere movimento, dando a sensação de uma certa leveza, como será visto na análise de cada uma das alternativas.

2.4.3 Os sinais convencionais

O pingo do i de *Poliflor* é um sinal convencional utilizado para indicar brilho, também empregado nos desenhos simplificados de uma estrela. Cada uma das alternativas explora de maneira própria essa convenção de brilho.

2.4.4 A logomarca

O tipo gráfico da logomarca *Poliflor* é reduzido ao máximo de simplicidade, com linhas arredondadas, em movimento ondulatório, numa escrita muito próxima da grafia manual, o que sugere a leveza do gesto, fator importante na composição do significado final que as mensagens querem atingir, como se verá mais à frente.

2.4.5 A sinestesia

Há um certo apelo sinestésico nas três alternativas, quer dizer, as imagens visam produzir sensações não só visuais, como também sensações táteis e, principalmente, sensações de cheiro, o cheiro da limpeza e a visualidade do brilho. Cada alternativa trabalha esse componente de modo próprio.

2.4.6 As relações entre palavra e imagem

Nas relações entre imagens e palavras predomina a complementaridade. Quer dizer, as mensagens são organizadas de modo que o visual seja capaz de transmitir tanta informação quanto lhe é possível, cabendo ao verbal confirmar informações que já passaram visualmente e acrescentar informações específicas que o visual não é capaz de transmitir. Isso fica claro, por exemplo, nos lustra-móveis, em que as diferenças de cores nas tampas e nas flores já criam uma distinção que vem a ser especificada pelas palavras que dão nome às flores: jasmim ou lavanda. No conjunto, entretanto, pode-se dizer que os rótulos são capazes de transmitir o tipo de uso de cada produto, mesmo para quem não sabe ler. Quando isso não é inteiramente possível, as imagens revelam uma intenção evidente para que seja.

Semiótica aplicada

2.4.7 O poder apelativo

As embalagens são convidativas. Apelam para a ação de pegar. São anatômicas. Chamam para o manuseio quase instintivo. Isso é importante quando se considera que o produto estará misturado aos competidores nos pontos-de-venda. As variações nas cores das embalagens e das tampas são indicativas do tipo do produto e de sua finalidade.

Com isso, passaremos agora à análise de cada opção.

3. O rastro do brilho é o rastro do gesto

Como já foi visto, aquilo que dá unidade ao conjunto desta alternativa é o rastro do brilho que vem da esquerda para a direita, de baixo para cima, encenando o gesto humano ao colocar o produto em uso. Trata-se, portanto, do rastro de um gesto, o gesto do uso do produto. Tem-se aí o uso em ato do qual surge como resultado o brilho como qualidade inconfundível. Um brilho intenso, pontilhado de estrelas. Essa idéia que dá unidade ao conjunto é simples, facilmente compreensível e muito bem realizada na sua economia de meios e eficácia de resultados, como explicitarei a seguir.

O rastro do brilho mantém, dentro da imagem, a mesma linha diagonal do corte do rótulo nas embalagens de *dustguard* e dos lustra-móveis. Essa manutenção não tem por função manter apenas a unidade do conjunto. Linhas diagonais transmitem a sensação de movimento. No rastro do brilho, a linha diagonal do gesto sugere leveza, ausência de esforço, como se o produto fizesse a limpeza por si, como num passe de mágica. Essa sugestão é acentuada pelas estrelinhas que brotam magicamente do brilho, como as estrelas brotam direta e naturalmente do céu.

O contraste que fica entre o brilho, rastro de onde o produto foi usado, e o não-brilho, local que espera por seu uso, marca com eficácia o resultado do uso do produto. Os índices da leveza e da facilidade do gesto, o sinal quase milagroso dos resultados que o uso do produto deixa são muito claros e precisos, culminando no efeito de uma pura qualidade de brilho, com apelo sinestésico de cheiro de limpeza, de ausência de impurezas.

Com sua ênfase no rastro do gesto, o gesto do uso dos produtos, naquilo que os produtos quase milagrosamente são capazes de fazer, esta alternativa produz a sensação do brilho em ato. Vem daí a interpretação imediata, sem ambigüidades das mensagens contidas nessa alternativa. Trata-se de um produto que limpa, dá brilho, traz para dentro de casa a luz das estrelas.

4. As imagens indicativas do brilho

Esta opção contém também mensagens claras sobre aquilo que os produtos são capazes de fazer. A unidade do conjunto, como já vimos, é dada por imagens referenciais que vão indicando os ambientes da casa que passaram pela ação dos produtos. A ênfase aqui, portanto, está posta no resultado final do uso do produto. Subliminarmente, a mensagem afirma que, se estes produtos forem usados, sua casa ficará com esta aparência de limpeza, brilho e claridade.

Nessa opção, há uma zona de transição mais abrupta do que na alternativa anterior, entre o verbal e o imagético. Enquanto na opção anterior, o verbal e o imagético se distribuíam mais harmoniosamente, nesta opção, o verbal fica concentrado na faixa de baixo e o imagético na parte de cima do rótulo ou vice-versa. É fato que essa separação põe em destaque a imagem na sua revelação dos resultados finais do uso do produto nas partes da casa por que passaram.

As zonas de transição entre o verbal e as imagens são feitas através de uma linha ondulada que cria um efeito de leveza eficaz. Entretanto, essas zonas de transição nem sempre são bem solucionadas. O clarão branco que surge na passagem do verbal para a imagem, quando faz uso da convenção da estrela como sinal de brilho e das flores sobre as quais flutuam palavras, é capaz de criar sensações sinestésicas. Mas esse princípio não se mantém em

Semiótica aplicada

todos os produtos. Quando não se mantém, a linha branca de transição fica sem significado visual.

Um outro elemento que marca essa opção, e que é passível de discussão, são os enquadramentos de partes de móveis, indicadores dos ambientes da casa em que os produtos foram usados. Algumas vezes, esses enquadramentos são bons, como no caso do banheiro. Outras vezes, são ruins, meros pedaços de pernas de móveis, perdidos no canto da imagem.

Embora seja eficazmente referencial, indicando com muita clareza não apenas os efeitos que o uso dos produtos deixa como resultado em uma casa, como também os cenários específicos em que os produtos devem ser usados, há defeitos de detalhes nesta opção.

5. As metáforas do brilho

A análise desta opção será breve porque ela apresenta alguns problemas sérios que a colocam em franca desvantagem em relação às outras duas.

Vale ressaltar que são, sem dúvida, muito boas as idéias, que aqui chamamos de metáforas, que estão na base desta opção, quais sejam, a luz que se ergue no horizonte anunciando a luz que o uso do produto trará para a casa, e a imagem de uma folha que se abre como revelação daquilo que está por trás do uso do produto.

Entretanto, há alguns pontos negativos na utilização dessas idéias que precisam ser ressaltados.

O produto é muito prosaico para fazer jus a idéias sofisticadas, metafóricas mesmo. Idéias que exigem um repertório visual do receptor muito bem desenvolvido, o que não é o caso do usuário desse produto. Nesse contexto, a idéia fica portanto mais pretensiosa do que sofisticada.

Os rótulos são visualmente muito poluídos, criando um efeito de saturação visual e verbal que dificulta a compreensão das mensagens. Além disso, a idéia da folha que se abre não se resolve com muita clareza visual, além de que a unidade dessa idéia não é mantida em todos os rótulos, até o ponto de se transformar, em alguns rótulos, em mero elemento decorativo, sem função.

O excesso de vermelho no *dustguard* é ruim, pois o vermelho é uma cor culturalmente sobrecarregada, ficando fora de contexto para esse produto.

A verticalidade da logomarca *Poliflor* também não cria um bom efeito, desde a questão óbvia da má legibilidade, dificultando a leitura, até o fator de estaticidade que a linha vertical dá ao conjunto da imagem.

6. Considerações finais

Não parece ser necessário explicitar por que a primeira opção, "o rastro do brilho", é a mais bem resolvida. Semioticamente, é a que fica mais dominantemente na dimensão da primeiridade. Embora o rastro seja um traço indicial, nesse caso, o rastro quer deixar à mostra tão-só a qualidade do brilho, sua pura qualidade. Assim sendo, o que dá fundamento de signo a essa opção são quali-signos, o modo como o brilho se mostra.

É bem verdade que as outras duas opções são também icônicas, pois imagem e metáfora são hipoícones, ou seja, subdivisões do ícone. Entretanto, na segunda opção, a função referencial da imagem é muito acentuada, de modo que, apesar de ser imagem e, portanto, ícone, o aspecto indicial predomina.

Na terceira opção, por lidarem com significações e não especificamente com qualidades, as metáforas se aproximam muito mais dos conceitos, que são simbólicos, do que das simples qualidades de sensação, de percepção e de sugestão. Enfim, na comparação entre as três opções, ganha aquela cujo valor semiótico se alicerça prioritariamente no poder sugestivo da mensagem em detrimento de sua função referencial explícita ou de sua significação abstrata.

4

O potencial comunicativo da publicidade: um estudo de caso

Em uma acepção muito geral, a semiótica é a teoria de todos os tipos de signos, códigos, sinais e linguagens. Portanto, ela nos permite compreender palavras, imagens, sons em todas as suas dimensões e tipos de manifestações. As linguagens estão fundamentadas em esquemas perceptivos. Assim sendo, os processos perceptivos também fazem parte dos estudos semióticos. Além disso, a semiótica estuda os processos de comunicação, pois não há mensagem sem signos e não há comunicação sem mensagem. É por isso que a semiótica nos habilita a compreender o potencial comunicativo de todos os tipos de mensagens, nos variados efeitos que estão aptas a produzir no receptor. Esses efeitos vão desde o nível puramente emocional, sensório até os níveis metafóricos e simbólicos.

1. Breves considerações sobre os parâmetros de análise

Processos comunicativos incluem pelo menos três faces: a significação ou representação, a referência e a interpretação das mensagens.

Na face da significação, a análise semiótica nos permite explorar o interior das mensagens em seus três aspectos. O primeiro deles diz respeito às qualidades e sensorialidade de suas propriedades internas, como, por exemplo, na linguagem visual, as cores, linhas, formas, volumes, movimento, luz etc. O segundo aspecto diz respeito à mensagem na sua particularidade, no seu aqui e agora em um determinado contexto. O terceiro aspecto se refere àquilo que a mensagem tem de geral, convencional, cultural.

Na face da referência, a análise semiótica nos permite compreender aquilo que as mensagens indicam, aquilo a que se referem ou se aplicam. Também nesta face, encontramos três aspectos: o primeiro aspecto deriva do poder meramente sugestivo tanto sensorial como metafórico das mensagens. O segundo aspecto deriva do poder denotativo das mensagens, sua capacidade para indicar algo que está fora delas. O terceiro aspecto deriva da capacidade das mensagens para representar ideias abstratas e convencionais, culturalmente compartilhadas.

Na face da interpretação, a análise semiótica nos habilita a examinar os efeitos que as mensagens podem despertar no receptor. Esses efeitos são de três tipos: os primeiros são os efeitos emocionais, quando o receptor é tomado por um sentimento mais ou menos definido; os segundos são os efeitos reativos, quando o receptor é levado a agir em função da mensagem recebida; os terceiros são mentais, quando a mensagem leva o receptor a refletir.

O estudo a seguir teve por objetivo avaliar o potencial comunicativo da campanha publicitária dos produtos *Seda* para cabelos, especialmente a publicidade veiculada pela televisão, por ocasião do lançamento para reposicionar esses produtos no mercado.

2. A campanha de reposicionamento do produto

De um modo geral, as publicidades televisivas de produtos para a beleza do cabelo feminino apresentam mulheres de aspecto decidido que andam ou se movimentam balançando os cabelos, ou mulheres de costas, só cabelos, que repentinamente se voltam para a frente enquanto os cabelos revoam.

Diferentemente desses dois padrões, a campanha de reposicionamento dos produtos *Seda* no mercado primou por seu caráter inovador, aliás, adequado à intenção de relançar os produtos sob uma nova imagem. Esse caráter inovador só foi possível em função dos traços de distinção do produto que a campanha colocou em relevo. Esses traços podem ser analisados sob a perspectiva semiótica do legissigno simbólico, do sinsigno indicial e do qualissigno icônico, como se segue.

2.1 Os valores interpretativos dos símbolos

Os vários traços de distinção com que os produtos *Seda* foram relançados no mercado trazem a "distinção" em seus dois sentidos: o sentido denotativo, sentido literal daquilo que se distingue porque é diferente, e o sentido conotativo, figurado, daquilo que se distingue por superioridade. De onde vem essa superioridade?

As fórmulas dos produtos *Seda* são criadas no *Elida Hair Institute*, signo do estrangeiro, que, para a cultura brasileira de classe média, sempre exerce um forte poder de sedução. Esse centro de inovação está na capital estética, Paris, polo mundial da beleza e do gosto. Esse instituto é um centro de pesquisa. Sua inovação está, portanto, suportada pela investigação científica. O porta-voz do produto é o especialista no assunto Dusty Fleming, cabeleireiro de renome internacional.

Esses traços de distinção na realidade se constituem em símbolos que sustentam valores que advêm dos avanços científicos, técnicos e estéticos da vida moderna.

Trata-se de símbolos, portanto, que representam, sem equívocos, aquelas a quem os produtos se destinam: mulheres modernas capazes de julgar, discernir e escolher aquilo que mais lhes con-

Semiótica aplicada

vém. Nesse nível do símbolo, o apelo publicitário visa atingir o julgamento de mulheres esclarecidas, muito mais do que simplesmente seus sentimentos.

2.2 As referências interpretativas dos índices

As imagens da publicidade televisiva contêm índices de autoridade científica e técnica. Mulheres do mundo inteiro foram ouvidas. A investigação se deu caso a caso. Cuida-se do cabelo como se cuida da saúde, em consultas individualizadas com especialistas autorizados. Cenas rápidas de mulheres se consultando diante do computador e de imagens da anatomia dos cabelos são índices de inovação técnica e científica.

Disso resulta a individualização do produto. O cabelo de cada mulher é um caso pensado a que cada um dos tipos do produto se aplica. Todos os casos foram pesquisados para que aquilo que é mais atual em termos de beleza para os cabelos chegue a cada mulher destinada sem lhe causar trabalho. Cada mulher é um caso especial, você é um caso especial. "*Seda* coloca você em dia com a beleza."

No lugar do efeito de passe de mágica típico da publicidade de outros produtos para cabelo, nessa campanha de *Seda*, a ênfase foi posta na individualização e desdobramento dos seus tipos de produto. Uma individualização que é fruto de atividades analíticas. Cada mulher deve saber detectar, no rol dos tipos de produtos *Seda*, aquele que se aplica especificamente ao seu caso. *Seda* é capaz de atender cada mulher na sua individualidade. Esta será a característica básica das embalagens dos produtos, como analisaremos mais à frente.

2.3 As evocações interpretativas dos ícones

A campanha de reposicionamento do produto teve início com a cena de um filme. Essa cena funciona como uma metáfora de uma outra encenação, isto é, a colocação em cena de *Seda*. Esta se constitui na mola mestra das publicidades. Uma espécie de célula-matriz que se mantém em todas as publicidades, tanto nas primeiras de reposicionamento e relançamento do produto como nas posteriores.

Para fazer jus ao reposicionamento, *Seda* reaparece sob o signo da mudança. "Aguarde!", o filme anuncia. De fato, a publicidade de relançamento, com sua cena de um filme em preto e branco, tem algo de insólito no contexto de outras publicidades de produtos para cabelo.

A segunda publicidade de relançamento mantém a cena cinematográfica, mas introduz agora, ainda sob a metáfora da ação do herói fílmico que supera obstáculos, o contraste dramático da imagem da atriz com cabelos degenerados pelo pó e sol para a imagem belamente transfigurada de seus cabelos sob a ação de *Seda*, que cumpre aí o verdadeiro papel heroico. "Diferente, logo na primeira lavagem. Experimente a diferença." Essa publicidade é altamente eficaz porque, para transmitir a imagem da diferença, realmente faz a diferença, tanto no contraste gritante entre o feio e o belo, como na própria cena publicitária escolhida, muito distinta do padrão de publicidades de produtos para cabelo.

Nas publicidades subsequentes, *Seda* deixa a cena cinematográfica para entrar no cenário da vida cotidiana. O poder evocador, sugestivo, identificatório dessa entrada de *Seda* no cenário de situações da vida cotidiana de mulheres escolhidas a dedo, muito especialmente mulheres amadas por seus homens, será analisada na próxima sequência das publicidades que se seguiram ao relançamento do produto. Enquanto nestas primeiras dominava o apelo simbólico dos valores que *Seda* visa transmitir, apelo esse necessário à refixação da marca *Seda*, nas publicidades que se seguiram ao reposicionamento do produto domina o apelo sugestivo às consumidoras, visadas como casos-tipo.

Semiótica aplicada

3. Cenas de *Seda* em cenários da vida cotidiana

Cada publicidade apresentou uma espécie de chamada que funcionava como sua marca identificatória. As análises, a seguir, são introduzidas por essas chamadas entre aspas.

"Cabelo é tudo, cabelo é seda."

O valor primordial do produto, inscrito no próprio nome, *Seda – brilho e maciez*, é reevocado nessa publicidade. O valor nasce da própria qualidade que o nome sugere.

"Pode parecer engraçado, mas, para mim, cabelo é que nem casamento."

Em voz *off*, característica presente em quase todas as publicidades, a mulher enuncia seu julgamento. Um julgamento próprio, diferenciado, tanto quanto é diferenciada a escolha de seu produto *Seda* para cabelo e certeira a escolha de seu homem. Sob tais escolhas, o dia a dia do cabelo e do casamento não perderão em brilho e beleza.

"Bom mesmo é o que dura."

Enquanto a imagem mostra cenas de enlevo amoroso, a voz da mulher em *off* enuncia as propriedades do condicionador de ação duradoura *Seda*, aquele que continua mesmo depois do cabelo seco. A beleza que não sai com a água é aquela que, tal como o amor fiel, não se gasta com o tempo.

Essas duas publicidades já permitem detectar uma característica fundamental de toda a série: camadas de significação se sobrepõem e metaforicamente se fundem. No caso das publicidades acima, a vida amorosa tem qualidades similares às qualidades dos produtos *Seda*. Vale dizer que a eficácia comunicativa dessas mensagens múltiplas é muito maior do que a de mensagens explícitas e unívocas, pois a ambiguidade de sentidos tem um alto poder de penetração psíquica e afetiva. Um outro subsentido que se pode extrair dessa metáfora da vida dos cabelos como vida amorosa está na sugestão de que mulheres que sabem escolher, mulheres de decisão, continuam mantendo a felicidade de sua

O potencial comunicativo da publicidade...

vida amorosa com a condição de que não se descuidem da beleza de seus cabelos.

"Meus cachinhos desembaraçados no volume certo."

Com o auxílio de *Seda Hidraloe*, em cena de higiene cotidiana, a atriz famosa controla os atributos do seu cabelo do mesmo modo que o controle remoto, estrategicamente acionado para fora, na direção da receptora que vê a mensagem, gradua com precisão cirúrgica o volume do som de um aparelho. Um tipo de produto para cada tipo exato de cabelo garante a certeza quanto aos resultados da escolha feita. O pronome **meus** em **meus cachinhos** indica ênfase na individualização do produto para a pessoalidade de uma escolha.

"Eu sempre fui apaixonada pelo Sol. Quem sofria com essa paixão eram os meus cabelos. Até que eu descobri *Seda Melanina*."

Em uma cena de rua, ao Sol, a frase é pronunciada por uma mulher ativa. Novamente aqui a repetição do pronome pessoal *eu* indica o prazer da descoberta de um produto feito exatamente para atender a necessidades muito pessoais (a paixão pelo Sol) de um caso muito específico (cabelos escuros). Há aí subsentidos da mulher capaz de autoconhecimento e decisão para escolhas certas, qualidades a que só um produto tecnologicamente avançado poderia corresponder. O coroamento final dessa correpondência vem com a admiração masculina.

"Meu cabelo está tão fraco, sem brilho." – "Cabelo fraco é cabelo sem brilho."

Dentro do instituto de beleza, repete-se aqui a cena da transmutação dos cabelos feios em cabelos belos sob a ação do produto *Seda Ceramidas*, graças ao aconselhamento de um especialista, acompanhada de uma exposição técnica da atuação restauradora do produto sobre a anatomia dos cabelos. Para condimentar essa mensagem especializada, entra também a mensagem da inveja que a beleza dos cabelos pode produzir em outras mulheres.

"Você sabe que os homens não resistem aos cabelos compridos."

O saber da jovem mulher na cena do tráfego na cidade é duplo. Ela está segura da beleza dos seus cabelos tanto quanto conhece as manhas da sedução.

Em suma: as diferentes camadas de sentido, algumas mais evidentes, outras mais subliminares dão a essas publicidades um alto poder sugestivo e mesmo encantatório. Como a vida de uma mulher pode ser bela, fácil e perfeita quando se sabe fazer escolhas certas! Os produtos *Seda* estão aí, para o dia a dia de quem sabe escolher o que é bom para si.

Enquanto as primeiras publicidades do reposicionamento do produto apresentam uma dominância dos aspectos simbólicos das mensagens, essas cenas da vida cotidiana evocam conteúdos metafóricos, visando produzir identificações afetivas e emocionais. As embalagens dos produtos, por sua vez, vão revelar uma predominância dos aspectos indiciais.

4. As embalagens dos produtos sob o domínio dos índices

Uma vez que a análise mais detalhada das embalagens dos produtos *Seda* para cabelo será apresentada no próximo capítulo, a apresentação a seguir terá por função apenas chamar a atenção para a dominância dos aspectos indiciais das embalagens. Essas embalagens são uma espécie de síntese dos elementos simbólicos e metafóricos contidos nas propagandas televisivas. A programação visual é simplificada (ver Figura 4.1).

O potencial comunicativo da publicidade...

Figura 4.1

Linhas sinuosas que lembram mechas de cabelo ocupam o fundo sobre o qual se destaca o logotipo de *Seda*. Tal simplificação é funcional, pois a concisão visual cede lugar às informações especializadas sobre a composição do tipo do produto e do tipo de cabelo a que se destina, além das finalidades que o produto deve cumprir.

Como já foi dito anteriormente, o produto se destina a mulheres com certo nível de esclarecimento, conhecedoras de seu tipo de cabelo e capazes de reconhecer o valor do conhecimento técnico de que a embalagem fornece índices, como fica evidente, por exemplo, no produto *Seda DNA Vegetal* (ver Figura 5.2).

Os tipos de produto se distinguem pela cor da embalagem, o que facilita a identificação para a compra. Ao mesmo tempo que indica a consumidora a que se destina, a cor passa a funcionar aí também como marca de pessoalidade para a consumidora, impregnando-se dos valores e sentimentos que o atendimento a necessidades pessoais é capaz de promover.

5

Análise semiótica comparativa: embalagens de duas marcas de xampus

Q uando aplicada ao *design* ou à publicidade, a análise semiótica tem por objetivo tornar explícito o potencial comunicativo
que um produto, peça ou imagem apresenta, quer dizer, explorar,
através da análise, quais são os efeitos que um dado produto está
apto a produzir em um receptor. Esses efeitos podem ser de várias
ordens, desde o nível de uma primeira impressão até o nível de um
julgamento de valor que o receptor pode e, muitas vezes, é levado
a efetuar.

1. Os três pontos de vista semióticos

Para explorar esse potencial comunicativo, a semiótica propõe três
pontos de vista fundamentais e complementares através dos quais
se procede à análise, a saber:

- o ponto de vista qualitativo-icônico;

- o singular-indicativo; e

- o convencional-simbólico.

Semiótica aplicada

1.1 O ponto de vista qualitativo-icônico

Sob o ponto de vista qualitativo-icônico, são analisados os aspectos qualitativos de um produto, peça ou imagem, ou melhor, a qualidade da matéria de que é feito, suas cores, linhas, volume, dimensão, textura, luminosidade, composição, forma, *design* etc. Esses aspectos são responsáveis pela primeira impressão que um produto provoca no receptor. A impressão que brota da primeira olhada.

Essas qualidades visíveis, ou seja, as características que podem ser diretamente percebidas nas qualidades, também sugerem qualidades abstratas, tais como leveza, sofisticação, fragilidade, pureza, severidade, elegância, delicadeza, força, monotonia etc.

São responsáveis ainda pelas associações de ideias que a primeira impressão desperta. Embora as associações de ideias sejam incontroláveis, sabe-se que elas são produzidas por relações de comparação, na maior parte das vezes, por comparações de semelhança. As cores, texturas, composição e formas têm grande poder de sugestão: uma cor lembra algo com a mesma cor, ou lembra uma outra cor; uma forma lembra algo que tem uma forma semelhante, e assim por diante. São as sugestões que estimulam as comparações. Essas relações de comparação por semelhança são chamadas icônicas.

Com tudo isso, quero dizer que, quando se analisam detidamente as qualidades de que um produto, peça ou imagem se constitui, pode-se, de um lado, determinar as qualidades abstratas que as qualidades visíveis sugerem. De outro lado, pode-se prever, até certo ponto, as associações por semelhança que essas qualidades estão aptas a produzir. Não se trata evidentemente de uma previsão precisa, pois qualidades não têm limites muito definidos, de modo que seus efeitos não são, por isso mesmo, passíveis de mensuração. Trata-se, isto sim, de hipóteses que apresentam uma certa garantia de estarem corretas.

1.2 O ponto de vista singular-indicativo

Sob o ponto de vista singular-indicativo, o produto, peça ou imagem é analisado como algo que existe em um espaço e tempo determinados. Quais são os traços de sua identidade? Sob esse ângulo, as qualidades de que esse existente se compõe – cores, forma, tamanho, matéria – passam a ser vistas em função da sua manipulação e uso.

De um lado, o produto é analisado na sua relação com o contexto a que pertence. Que índices apresenta de sua origem? De seu ambiente de uso? Que indicações contém da faixa de usuário ou consumidor a que se destina?

De outro lado, é analisado de acordo com as funções que desempenha, as finalidades a que se presta. A adequação do aspecto qualitativo-icônico com este segundo aspecto contextual, utilitário, deve ser avaliado.

1.3 O ponto de vista convencional-simbólico

Sob o ponto de vista convencional-simbólico, o produto é analisado no seu caráter de tipo, quer dizer, não como algo que se apresenta na sua singularidade, mas como um tipo de produto.

Analisam-se aqui, primeiramente, os padrões do design e os padrões de gosto a que esses designs atendem. Que horizontes de expectativas culturais eles preenchem?

Em segundo lugar, analisa-se o poder representativo do produto. O que ele representa? Que valores lhe foram agregados culturalmente? Qual o *status* cultural da marca? Como esse *status* foi construído? Em que medida o produto está contribuindo ou não para a construção ou consolidação da marca?

Em terceiro lugar, é analisado o tipo de usuário ou consumidor que o produto visa atender e que significados os valores que o produto carrega podem ter para esse tipo de consumidor. Esses foram os princípios que guiaram a análise comparativa a seguir.

Semiótica aplicada

2. O caráter das marcas

A análise a seguir tem por meta comparar os rótulos e embalagens de duas marcas de xampus. Uma delas, a marca *Seda*, mais popular, destina-se a consumidoras do sexo feminino, de menor poder aquisitivo, e a outra, a marca *OX*, três vezes mais cara do que a primeira, tem como alvo consumidores com exigências sofisticadas de gosto e de escolha. A análise pretende revelar quais são os atributos de *design* presentes nos dois tipos de marcas e que são capazes de exercer seu apelo característico para o primeiro e segundo tipo de consumidores.

Não obstante as diferenças específicas de cada marca, todas as embalagens de xampus devem ter algo em comum, a saber, pelo menos três informações imprescindíveis que elas devem passar para o consumidor:

- a marca do xampu;
- o tipo de cabelo a que o produto se destina;
- a ação que o uso do produto promete realizar.

De fato, essas três informações estão presentes nas duas diferentes marcas examinadas. Entretanto, o modo como essas informações invariantes, e outras adicionais variáveis, estão configuradas na embalagem é aquilo que dá a cada uma sua feição peculiar. Essa feição peculiar, que se constitui no traço de identidade de cada marca, depende de uma série de características com que a programação visual faz a embalagem aparecer aos olhos do consumidor. A análise da programação visual de cada uma das duas marcas escolhidas nos levou às seguintes constatações quanto à feição ou traço de identidade de cada uma delas. Essa identidade é responsável pelo apelo que o produto exerce junto ao consumidor, a saber: *Seda* = programação visual didática; *OX* = programação visual sofisticada. Vejamos, a seguir, como essas identidades foram

— 72 —

construídas, sob os três pontos de vista complementares que a semiótica nos dá, a saber: o ponto de vista qualitativo-icônico, o singular-indicativo e o convencional-simbólico.

3. *Seda* = programação visual didática

3.1 O ponto de vista qualitativo-icônico

3.1.1 Cores e imagens

Cada embalagem de *Seda* tem uma cor que lhe é própria. A variação de cores é abundante. Para cada tipo de xampu há uma cor específica. A principal característica da série é dada pela distinção da cor de cada embalagem. O efeito visual desse recurso no ponto de venda é remarcável.

O fundo de cada rótulo, sob as inscrições, é atravessado na diagonal por uma imagem estilizada de uma mecha de cabelo (ver Figura 5.1).

Figura 5.1

Essa imagem é puramente sugestiva. A cor dessa imagem repete o tom da tampa do xampu, quase sempre na mesma cor da embalagem em tom mais escuro. Essa imagem também busca sugerir o tipo de cabelo a que o xampu se destina: cabelo seco, crespo, opaco e quebradiço etc. Há, por isso mesmo, pequenas diferenças específicas nessa imagem diagonal que atravessa o rótulo.

O tipo de xampu *DNA Vegetal* apresenta uma leve diferença em relação aos outros (ver Figura 5.2), pois as duas linhas sinuosas que se cruzam sugerem muito mais a imagem de DNA, sem deixar de sugerir também a imagem de mechas de cabelo.

Figura 5.2

Com exceção da embalagem negra, a inscrição da marca *Seda* é sempre azul-escuro, cor que se repete na base da embalagem, em que aparece, emoldurada, a origem do produto, o *Elida Hair Institute*. Um traçado levemente diagonal, sugerindo novamente a docilidade de uma mecha de cabelo sob ação de *Seda*, atravessa o E e o A, de *Seda*, com uma cor diferente do azul. Essa cor é a mesma que aparece na inscrição do nome técnico do xampu.

Cada xampu da série tem um nome próprio, inscrito logo abaixo de *Seda*, cada um com uma cor específica. Essa cor se destaca do conjunto, pois todo o resto é escrito em azul.

Na base do rótulo, logo acima da inscrição *Elida*, aparece a pequena foto de uma modelo com a imagem do tipo de cabelo que se presta ao tipo de xampu daquela embalagem.

3.1.2 A forma

A embalagem tem uma forma retangular longilínea, levemente achatada na profundidade. Quando vista de frente, essa forma produz a impressão de que a embalagem contém uma grande quantidade de produto. A forma é perfeitamente simétrica, apresentando tanto na extremidade superior como na inferior uma leve curvatura que quebra as arestas dos cantos do retângulo.

3.1.3 A distribuição dos elementos no espaço

A distribuição dos elementos é uniforme e harmônica. Há uma divisão simétrica entre a parte superior e a parte inferior da embalagem (ver Figura 5.2). Se levarmos em consideração a extensão da tampa, ou seja, a embalagem como um todo, há uma linha divisória entre a parte superior e inferior que passa exatamente abaixo da inscrição do nome técnico do xampu, sob a marca *Seda*. Considerando essa divisão central, a linha da tampa, na parte superior, corresponde, na parte inferior, à linha de inscrição de "Elida Hair Institute". Tem-se, assim, em simetria perfeita, três elementos na parte superior (*"Xampu"*, *"Seda"* e o nome do tipo de xampu) e três elementos na parte inferior (a ação do produto, o tipo de cabelo e a foto).

Se não levarmos em consideração a extensão da tampa, mas apenas a extensão do rótulo, surge uma outra simetria ainda mais harmônica, com a linha divisória entre a parte superior e a inferior passando exatamente entre a informação sobre a ação prometida pelo uso do produto e o tipo de cabelo a que o produto se destina. Essa linha divisória, que não leva em conta a extensão da tampa, mas apenas a extensão do rótulo, apresenta uma distribuição perfeita na ocupação do espaço dos elementos da parte superior do rótulo com os elementos da parte inferior. Assim sendo, tomando como exemplo *Seda Ceramidas* (ver Figura 5.1) tem-se:

- *Xampu*, na parte superior, está para 350 ml, na parte inferior.
- *Seda*, na parte superior, está para *Elida*, na parte inferior.
- *Ceramidas*, na parte superior, está para a foto, na parte inferior.
- *Força e brilho*, na parte superior, está para *Cabelos Opacos ou Quebradiços* na parte inferior.

A simetria é perfeita, criando uma impressão de equilíbrio harmônico no conjunto.

3.2 O ponto de vista singular-indicativo

Cada tipo de xampu, que é indicado para cada tipo específico de cabelo, é diferenciado pela cor. A cor é um traço distintivo. Isso é comum a quase todas as marcas de xampu. Mas, enquanto nas outras a cor é apenas um traço no conjunto, em *Seda*, a embalagem inteira traz a cor como marca de identificação. Esse fator identificatório é de grande efetividade para o momento da compra. A imagem sugestiva da mecha de cabelo no fundo da embalagem tem também uma função indicativa suplementar, pois ela indica, através da imagem, o tipo de cabelo a que o produto se aplica.

Além da cor de cada embalagem como traço diferenciador de cada xampu, a cor da inscrição do nome técnico do xampu difere em cada embalagem, funcionando também como marca de identificação.

3.3 O ponto de vista convencional-simbólico

3.3.1 O padrão de distribuição da informação

Esse padrão é constante em todas as embalagens. Há um padrão invariante que é rigorosamente seguido. Um primeiro conjunto de informações é composto, no topo, pela inscrição *xampu*, logo abaixo, pela marca *Seda*, esta imediatamente seguida do nome específico do xampu. Um segundo conjunto de informações é composto pela indicação do tipo de ação que o produto desempenha (por exemplo: restauração profunda ou força e brilho etc.), o tipo de cabelo a que o produto se destina, acompanhado, logo abaixo, pela foto que fornece a imagem do tipo de cabelo, seguida, mais abaixo, por *Elida Hair Institute*.

Os tipos gráficos aparecem todos em letras maiúsculas, em tipo leve e fino para *"Xampu"* e para a ação desempenhada pelo produto. Um tipo mais cheio aparece no nome próprio do xampu e nos cabelos que ele tem por função tratar. Há aí um paralelismo de tipos interessante. Em meio a esses paralelismos, a inscrição da marca *SEDA* se destaca pela limpeza e suavidade de suas linhas e evidentemente pelo tamanho maior de suas letras. De todo modo, a característica fundamental do tipo utilizado está na simplicidade das linhas. A inscrição para o tipo de cabelo é a única que aparece em letra minúscula, em tipos com forma arredondada, com efeito de suavidade.

O nome técnico de cada xampu funciona como um nome próprio, acentuado pela especificidade da cor da inscrição de cada um desses nomes. A cor reforça, em nível visual, a informação que é dada pelo verbal.

Esse padrão é tão bem programado que já prevê a inserção das variações individuais de cada tipo específico de xampu com seus traços definidores, tais como a variação da cor para o nome de cada xampu, a variação da imagem da mecha de cabelo sugerida ao fundo do rótulo e a variação da foto indicadora do tipo de cabelo. Enquanto o padrão tem por função fixar a marca não apenas de um produto, como também a marca da própria embalagem, as variações têm uma função indicial, quer dizer, elas indicam a singularidade de cada tipo de xampu que se aplica à singularidade de cada consumidora.

O padrão e suas variações se mantêm na embalagem do condicionador. A diferença entre o xampu e o condicionador é marcada

Semiótica aplicada

pela inversão de alguns elementos, como, por exemplo, a foto que se desloca de baixo para cima, marcando visualmente a informação de que, quando se dá esse deslocamento, trata-se do condicionador e não do xampu.

3.3.2 Um programa didático

A padronização do conjunto e a inserção controlada das variações, juntamente com a harmonia simétrica da distribuição dos elementos no espaço, são, antes de tudo, didáticas. A informação é passada para a consumidora sem ruídos, num jogo de correspondências bem equilibrado entre a informação visual e a verbal, uma complementando a outra. A variação de cores da embalagem também é didática, característica esta que se repete na imagem sugerida da mecha de cabelo. O que o verbal diz, a imagem mostra. Exemplo ainda mais evidente desse didatismo está na imagem sugerida das hélices de DNA e principalmente nas bolinhas que crescem logo abaixo da inscrição "hidratação progressiva" no xampu *Hidraloe*.

4. *OX* = programação visual sofisticada

4.1 O ponto de vista qualitativo-icônico

4.1.1 As cores e imagens

A embalagem padrão de *OX* é imaculadamente branca. A marca *OX* aparece em branco dentro de um círculo prata fosco e, logo abaixo, aparecem inscrições em preto contendo informações sobre o produto e uma inscrição colorida com o nome do xampu. Para cada tipo de xampu da série, as cores variam apenas em gradações de azul. Ao mesmo tempo que dá nome ao xampu, essa inscrição colorida em azul indica o tipo de cabelo a que se destina: oleosos, normais, seco. Entretanto, para esta análise, não selecionamos a embalagem padrão, mas uma embalagem ainda mais sofisticada da série denominada *PLANTS*.

Trata-se de uma embalagem de bisnaga em plástico transparente, mas fosco, que deixa ver o conteúdo do produto (ver Figura 5.3). As embalagens são todas iguais, variando apenas o conteúdo do produto que se responsabiliza pela mudança de cor de um tipo de xampu para outro. Essa variação de cor, portanto, é substancial. Dependendo do tipo de cabelo a que se destina, a cor do produto se modifica. Esse é um dos traços mais fortes das embalagens. A bisnaga transparente acentua a qualidade de cada cor. Essas cores são muitíssimo especiais, incomuns. Dois tons de verde, um rosa seco, um preto acinzentado etc. O produto tem uma consistência de gel, também sem brilho, o que intensifica a impressão de qualidade do produto que parece extraído diretamente da natureza.

Figura 5.3

No alto da bisnaga, destaca-se a inscrição *OX*, em prata fosco, com o *O* em itálico e o X em fonte normal, sem itálico. A inscrição *OX* em prata muito fosco, contra o fundo colorido do gel também sem brilho, como se essa inscrição brotasse diretamente do produto, cria um efeito de grande sofisticação, dando à embalagem um ar chique, além de produzir a impressão de assepsia. Essa impressão se intensifica com as inscrições informativas todas em branco, de modo que toda a cor da embalagem é dada pelo próprio conteúdo do produto sobre o qual aparecem sutilmente as inscrições em prata e branco.

Semiótica aplicada

A única imagem, além da marca do xampu, é, logo abaixo de *PLANTS*, a de um círculo dentro do qual se distribuem três folhas que se abrem em leque.

4.1.2 A forma

A forma da bisnaga é trapezoide. O ponto de apoio da embalagem está na tampa, também transparente que serve de base de sustentação para a embalagem. Seguindo a tampa, a forma é cilíndrica na base e vai gradativamente estreitando seu volume ao mesmo tempo em que vai delicadamente se alargando até adquirir uma forma quase bidimensional na extremidade superior, exatamente onde aparece a inscrição *OX*. Isso dá à inscrição *OX* uma proeminência espacial que captura o olhar do receptor.

A forma da embalagem dos condicionadores é exatamente a mesma dos xampus. Mais uma vez é a cor que funciona como traço distintivo entre o xampu e o condicionador. Enquanto o primeiro é mais gelatinoso, o segundo é mais cremoso e ainda mais fosco do que o xampu.

4.1.3 A distribuição dos elementos no espaço

O círculo prata domina no conjunto, ocupando a parte superior da embalagem. A inscrição *OX* tem um tamanho considerável quando comparada com o restante das inscrições. Em segundo lugar de importância e de apelo visual estão, na parte superior, logo abaixo de *OX*, a inscrição *PLANTS* e, na parte simetricamente inferior, xampu.

Logo abaixo de xampu, vem a indicação do tipo de cabelo a que o produto se aplica. Essa indicação é uma tradução verbal da cor do gel, pois, tanto um quanto o outro – e muito mais a cor – servem para identificar a espeficidade do produto.

— 80 —

Bem no meio da embalagem aparecem os ingredientes da composição do produto, todos eles naturais, extraídos diretamente das riquezas da natureza. São especificações que asseguram ao consumidor a veracidade da série *PLANTS*.

4.2 O ponto de vista singular-indicativo

O nome da marca, *OX*, funciona como um índice de fórmula química. A inscrição do *OX* em prata sobre a embalagem transparente, em contraste com o fundo colorido do produto, acentua a ideia de oxigenação.

As cores de cada xampu têm função indicial, pois apontam para o tipo de cabelo a que se destinam, constituindo-se em marca de identidade diferenciadora de cada tipo de xampu na série.

A visibilidade do produto, por trás do plástico transparente, funciona para o receptor como um certificado de garantia do produto adquirido, pois aí está o produto, diante dos olhos, nas cores da natureza, límpido, sem impurezas. Além disso, a embalagem tem um forte apelo tátil, convida ao manuseio, dá gosto tocá-la, apertá-la.

4.3 O ponto de vista convencional-simbólico

4.3.1 O padrão de distribuição da informação

A informação fornecida pela embalagem e o padrão de sua distribuição reduz-se ao mínimo necessário. O restante da informação prestada também se reduz ao mínimo necessário: tão só e apenas as informações que são imprescindíveis ao produto Xampu: (a) a sua marca, acompanhada da listagem dos ingredientes de sua composição ("aloe vera, sambucus, ginkgo biloba, levedo"), (b) o tipo do xampu (aqui condensado na informação sobre o

Semiótica aplicada

tipo de cabelo a que se destina) e, implicitamente, a ação que o uso desencadeará.

O tipo gráfico utilizado é homogêneo em todas as inscrições: tudo em letras maiúsculas, em fonte leve e fina, sem nenhum gasto decorativo. Exceção se dá apenas no X, de *OX*, com pequena serifa.

4.3.2 Padronização sob inspiração minimalista

O minimalismo é uma estética redutora da informação a um mínimo de dispêndio de meios: o máximo de efeitos com um mínimo de meios. A assepsia da programação, a limpeza gráfica, a ausência de cores, branco e prata, para dar maior ênfase à cor do produto, conferem a essa embalagem um ar de sofisticação que a direciona para um tipo de consumidor específico, de gosto e necessidades mais sofisticadas.

5. Considerações finais

Em ambas as marcas, tanto no xampu *Seda* quanto em *OX*, a cor é o elemento informativo fundamental. O tipo de cabelo a que o xampu se destina é indicado pela cor. Enquanto em *Seda* a mudança de cor é dada na embalagem em plástico, uma alternativa relativamente grosseira, em *OX*, essa mudança é dada pelo próprio produto que aparece por trás da transparência da bisnaga, uma alternativa sutil para pessoas de gosto mais exigente.

6

A semiose da marca Coca-Cola

Não é segredo para ninguém a onipresença da Coca-Cola como produto de consumo do gênero refrigerante no contexto global. O objetivo da análise que se segue não é o de desvendar os segredos dessa onipresença, mas sim o de buscar os fatores semióticos que sejam capazes de nos fornecer algumas explicações a respeito da força de sua marca na sua capacidade de se manter, ao longo dos anos, na mente do consumidor até o ponto de ser considerada a marca de maior valor no mercado global. Semiose, para lembrarmos, significa a ação do signo, ou seja, a ação de ser interpretado. Vem daí o título deste capítulo, ou seja, "a semiose da marca Coca-Cola", ou seja, como essa marca está apta a ser interpretada por seus consumidores.

A análise verificará em que medida as variantes Coca-Cola Zero e a Coca-Cola Light se mantêm sob o guarda-chuva da marca, apesar de trazerem novos significados para ela. O que esses significados expressam semioticamente por meio de suas embalagens, tipologia, cores e materiais publicitários? A seleção desses materiais foi extraída da campanha publicitária *Abra a Felicidade*, que se seguiu à fase do Urso Polar, esta uma fase que havia colocado grande ênfase no valor refrescância e, sobretudo, no valor afetividade. Portanto, a análise abaixo buscará evidenciar o que a campanha

Semiótica aplicada

Abra a Felicidade trouxe como novidade e o que acrescentou ao histórico dessa marca.

1. Análise do logo

Figura 6.1 Logotipo Coca-Cola.
Crédito: The Coca-Cola Company (Brands of the World) [Domínio público], via Wikimedia Commons

O logo padrão de Coca-Cola (Figura 6.1) com suas linhas curvas, levemente inclinadas, mais as linhas sinuosas, quase esvoaçantes que saem da parte inferior do C de Coca e da parte superior do C de Cola, constituem-se em patrimônios culturais no sentido de que já se interiorizaram indelevelmente na memória de seus incontáveis consumidores.

Independentemente de qualquer análise de qualquer tipo, o logo e junto com ele a garrafa com suas linhas arredondadas, que permaneceram fiéis a si mesmos através dos tempos, são reconhecidos em quaisquer lugares do mundo até mesmo por crianças. Essa sinuosidade das linhas empresta dinamismo, leveza e alegria ao logo.

Figura 6.2 Logotipo Diet Coke.
Crédito: The Coca-Cola Company (Brands of the World) [Domínio público], via Wikimedia Commons

No diet Coke (Figura 6.2), a firmeza do tipo gráfico em Coke é equilibrado pelo retorno das linhas curvas em Diet. Inversão similar encontra-se em Coca-Cola, ZERO (Figura 6.3), o ZERO é duro e reto, como comporta ao *status* de ser ZERO. Esse jogo de linhas curvas e retas marca a entrada de novidades na marca, sem que ela perca sua identidade mantida através de décadas.

Figura 6.3 Logotipo Coca-Cola Zero.
Crédito: The Coca-Cola Company (Brands of the World) [Domínio público], via Wikimedia Commons

2. Análise de Coca-Cola-Felicidade

2.1 Cores

A campanha *Abra a Felicidade* foi lançada em 2006 para acentuar o tema de que beber Coca-Cola traz o sentimento positivo de felicidade. "Se beber Coca-Cola, você irá se sentir bem". Para isso, a campanha traz imagens otimistas, iluminadas que buscam capturar a essência mesma da vida, por meio do amor, este que traz sempre consigo a visão do mundo em cores: o lado Coca-Cola da vida.

Os anúncios e também os filmes da época colocam grande destaque no vermelho. Neles, as personagens vestem tons de vermelho. Esta cor se faz acompanhar por cores relativamente quentes, tais como cores terra, luz solar. As cores quentes são contrabalançadas por cores água, do branco a vários tons de azul. As cores quentes não cobrem apenas as gradações que vão do amarelo ao vermelho. Elas já começam nos tons palha, creme, passando

Semiótica aplicada

para as cores terra, ferrugem etc. A cor fria do espectro é o azul. Quanto mais profundo é o azul, mais frio ele fica. Ao azul mais claro corresponde a água translúcida e a ele alia-se a sensação de levitação, respiração livre, leve. Em função disso, há sempre nos filmes e anúncios algum tipo de presença da água no seu tom perfeito de azul, nem céu, nem noite, mas o azul da refrescência.

2.2 Linhas, formas e movimentos

As linhas e as formas que aparecem nos anúncios são também leves, maleáveis e dinâmicas. Não são nunca linhas horizontais e verticais, pois estas são duras. No lugar destas são abundantes as linhas diagonais, circulares, em formas de ondas, raios, indicando leveza, ar livre, ausência de obstáculos. Os movimentos são movimentos ascendentes, para cima, que lembram a sensação agradável de descolamento da tensão, do tédio, em prol da impressão de uma certa flutuação. Isso está ligado à ideia de passagem de um momento indesejável para o desejável, ou seja, a refrescância e alegria que Coca-Cola traz.

2.3 Imagens e situações

Os filmes e anúncios da campanha *Abra a Felicidade* exploram imagens que, no sentido literal e também funcional, provocam sensação de refrescância: muita água, borbulhas, explosão de espumas, representações visuais do vento e da brisa. Esse sentido literal é acompanhado por sentidos emocionais e conotativos, quer dizer, subsentidos, por vezes explícitos, por vezes apenas subliminares: a conexão inseparável da sensação física agradável, fortemente positiva, com seu efeito psicológico.

A Máquina da Felicidade, instalada em vários países, o Caminhão da Felicidade (Figura 6.4) e a Fábrica da Felicidade todos eles funcionam como personagens coadjuvantes, auxiliares potentes na grande narrativa da felicidade em torno do seu agenciador principal: a Coca-Cola.

Figura 6.4 Caminhão da Felicidade.
Crédito: Husky (trabalho próprio) [GFDL (http://www.gnu.org/copyleft/fdl.html), CC-BY-SA-3.0 (http://creativecommons.org/ licenses/by-sa/3.0/) ou CC BY 2.5 (http://creativecommons.org/ licenses/by/2.5)], via Wikimedia Commons

Felicidade é emergência de pura emoção. Isso se manifesta no flagrante de momentos de convivialidade, alegria explosiva, compartilhamento, muitos sorrisos abertos de puro prazer. Nos filmes, o ritmo é sempre dinâmico em situações de encontro, de sentimentos comuns, acentuando a sensação de alegria que brota do convívio coletivo, de que a Coca-Cola é personagem principal. Entre todas as personagens que ocupam as cenas, ela salta no papel principal. "Coca-Cola é assim", "Coca-Cola é isso aí", quer dizer: é justamente aquilo que o anúncio mostra e em que fica difícil não crer, dadas as evidências.

3. A adição de valores na campanha "Abra a Felicidade"

Figura 6.5 Palco Coca-Cola.
Crédito: Sergei S. Scurfield (trabalho próprio) [CC BY-SA 3.0 (http://creativecommons.org/licenses/by-sa/3.0) ou GFDL (http://www.gnu.org/copyleft/fdl.html)], via Wikimedia Commons

Alguns valores, que ficavam implícitos e apenas insinuados nas campanhas anteriores de Coca-Cola, tais como sensação de bem-estar físico, aliado a sentir-se bem psicologicamente (*cool, feel good*), na dança, no esporte, nos momentos de alegria grupal ou amorosa, a partir da campanha *Abra a Felicidade* ganham enorme destaque. A ênfase passa a ser colocada muito mais nos valores abstratos que o produto carrega do que na sua mera funcionalidade. A marca começa então a se comprometer com o indivíduo e com o mundo, das questões sociais às questões globais.

Acentua-se o apelo afetivo que já se iniciara com o Urso Polar, ou seja, Coca-Cola é transmissora de afeto, contamina as pessoas com o dom da doação e do amor. Coca-Cola é, então, portadora de um poder agregador, de um poder mágico e de um poder transformador (Figura 6.5). Animais, insetos, flores e frutos compartilham a grande festa da felicidade. O amor e a confiança no lugar do medo. Os anúncios funcionam, assim, como antinotícias. Enquanto as notícias alimentam-se da desgraça, da tragédia e do drama, a Coca-Cola empenha-se em mostrar o outro lado, o lado bom dos homens e da vida. Comprova-se que esse lado também existe e deve ser cultivado. Existe um lado Coke da vida.

O que a Coca-Cola vermelha simboliza:

(a) O frescor da vida física e psicológica, expresso nas cenas de expansividade jovial, de energia irradiante. O dom da doação e do compartilhamento.
(b) O espírito coletivo, colaborativo.
(c) A felicidade aberta a todos, a tudo e para sempre.
(d) A força gentil, contagiante do amor.

4. Análise de anúncios de Coca-Cola Diet

4.1 Cores

De dominante, o vermelho passa a ser detalhe, sempre presente, mas apenas um detalhe. Nos anúncios, isso fica bastante claro: detalhes de vermelho no sapato, na blusa ou em algum outro elemento, um acompanhante assíduo, mas cumprindo um papel de detalhe.

Figura 6.6 Lata Diet Coke.
Crédito: Vikramjit Kakati (trabalho próprio) [CC BY-SA 4.0 (http://creativecommons.org/licenses/by-sa/4.0)], via Wikimedia Commons

Semiótica aplicada

Domina na embalagem acima (Figura 6.6) o brilho da cor prata com o toque de preto, ambos contrabalançados pela presença do vermelho no logo de Coke, este bem acompanhado pela linha sinuosa no *lettering* de *Diet*, sinuosidade que faz parte inseparável do logo e, consequentemente, da marca. Esses detalhes da cor e da linha sinuosa fixaram-se de tal forma na constituição e continuidade da marca que adquiriram estatuto de símbolos, quer dizer, impregnaram-se na cultura como convenções absorvidas e previsíveis.

A cor prata com seu brilho desempenha aí a função de ser o avesso do preto. Sendo não cor, é neutra, no sentido de transparente, bom ponto de apoio para um produto diet. Trata-se de uma cor que, por sua leveza e transparência lembra água, cachoeira, fonte, chuva, banho, espuma, bolhas de sabão. Por isso, quando funciona como fundo, dá leveza à imagem e, em alguns casos, cria uma certa aura irradiante.

Além disso, a cor prata ajuda a intensificar a impressão de frescor próprio de um produto diet. Prata junto com os fios curvilíneos do preto e a memória poderosa do vermelho compõem as cores dessa versão de Coca-Cola. Que ela vem da família de Coca-Cola não deixa a menor dúvida. O vermelho e a linha sinuosa do logo lá estão presentes para garantir a sua continuidade geracional.

4.2 As linhas, as formas e os movimentos do light

Nos anúncios que acompanham a versão light, linhas e formas, alheias à dureza e estabilidade das linhas ortogonais, colocam ênfase na leveza e movimentação dinâmica da dança, do esporte, das formas esguias das mulheres que exalam elegância e sofisticação.

A bebida alia-se ao *fitness* do corpo até o ponto de transmutar o corpo em garrafa e a garrafa em corpo (Figura 6.7), o corpo ditado pela moda, o chique da moda: o universo ascético e longilíneo do branco em meio ao qual, na vertical, como condiz à elegância, brilha o vermelho de uma Coca-Cola transmutada em light.

A garrafa adere à moda tanto quanto a moda à garrafa. Fundo branco, arejado, limpo, ascético para fazer brilhar a Coca-Cola, sempre na moda. Bebida light para mulheres light, leves, de bem com a vida.

Figura 6.7 Garrafa Coca-Cola Light.
Crédito: Veronidae (trabalho próprio) [CC BY-SA 3.0 (http://creativecommons.org/licenses/by-sa/3.0)], via Wikimedia Commons

4.3 Imagens e situações

Nos filmes, surgem situações novas: no trânsito, no trabalho. A bebida não mais se apresenta apenas depois da dança, depois do esporte, depois do movimento, mas também em momentos mais lentos, Coke, por exemplo, apresenta-se até durante os intervalos ou na locomoção para o trabalho, e mesmo no trabalho. A elegância exige movimentos mais pausados, pensados. Algo extraordinário para pessoas extraordinárias.

O que a Diet Coke simboliza:

(a) Nos detalhes do vermelho, o gosto, isto é, permanece o gosto da bebida.
(b) Diet simboliza a elegância e a sofisticação.
(c) A marca Coca erige-se como símbolo da garantia de uma aparência chique, da segurança íntima do *fitness*.

5. Análise da Coca-Cola Zero

5.1 Cores

Figura 6.8 Garrafa Coca-Cola Zero.
Crédito: Jorge Barrios (trabalho próprio) [Domínio público], via Wikimedia Commons

O rótulo negro para uma bebida foi uma ousadia (Figura 6.8). Uma ousadia que acabou por dar certo, quer dizer, surtiu efeito. Mais frio do que quaisquer outras cores é o preto, ausência de qualquer cor. Portanto, produtos com embalagem preta acentuam ainda mais a impressão de frescor. O preto é certamente lúgubre, mas, culturalmente, especialmente no Brasil, acabou por simbolizar a elegância que dá ao vestir. Também ficou ligado à ideia de que afina a silhueta. Daí o preto ser empregado nas embalagens sem açúcar, para criar a ideia de um alimento que não engorda, em prol da saúde e da elegância. Por ser uma ausência de cor forte, está aliado ao masculino. Veja-se a frequência com que homens desejam ter carros pretos, ternos de cor escura, decorações em negro. Entretanto, para as mulheres é também sinônimo de elegância noturna.

5.2 Linhas, formas, movimentos, imagens e situações

Figura 6.9 Copo refrescante com Coca-Cola.
Attribution: Summi from German Wikipedia (trabalho próprio) [Domínio público, GFDL (http://www.gnu.org/copyleft/fdl.html) ou CC-BY-SA-3.0 (http://creativecommons.org/licenses/by-sa/3.0/)], via Wikimedia Commons

As diferenças entre os gêneros não são esquecidas. Enquanto a Coca Light acentua, nas suas embalagens, o gosto feminino, de outro lado, a Coca Zero cria seus anúncios também para expressar a energia explosiva do esporte mais bruto como atributo especificamente masculino, intensificando a ação. Música de ação, dança agitada, borbulhas explosivas, água, dunas, gelo, praia, sensualidade, aventuras, movimento, monstros e heróis, tudo se mistura para acentuar o teor também masculino do produto. Em suma, o açúcar é zero, mas o sabor expresso no onipresente símbolo de Coca-Cola permanece (Figura 6.9).

O que Coca-Cola Zero simboliza:

O engajamento da marca Coca-Cola no prazer saudável, sem o peso dos malefícios à saúde.

Semiótica aplicada

6. Considerações finais

De todas as análises acima, pode-se concluir que existe, sem dúvida, não obstante as variações, um conceito de marca guarda-chuva. Mais do que isso: Coca-Cola é Coca-Cola, não importa quantos novos rebentos possam aparecer. Um dos grandes trunfos para que esse DNA não tenha nunca se perdido encontra-se na fidelidade que a marca tem mantido, ao longo de anos, ao seu logo, à sua cor vermelha, à forma inimitável de sua garrafa. Mudam os tempos, muda o mundo, a Coca-Cola permanece firme, sem as hesitações meramente novidadeiras. Por isso mesmo, a Coca-Cola Light e a Zero ganham importância, porque ambas estão voltadas para incorporações necessárias em face do crescimento da preocupação com a saúde e a forma física nas sociedades contemporâneas. Coca-Cola Light e Zero certamente apresentam diferenças que já começam nas cores. Essas diferenças visam colocar acento na possibilidade do prazer alimentar sem correr os riscos que esse prazer pode provocar.

Ao fim e ao cabo, a imagem magna de Coca-Cola Felicidade que se impregna na mente dos consumidores é aquela a que os anúncios dão expressão. São eles os responsáveis por aquilo que o consumidor pensa e sente sobre o produto. Não é novidade para ninguém o poder da publicidade sobre o desejo e a vontade do consumidor. Todos os anúncios analisados transmitem uma imagem da Coca-Cola como a boa companheira, quase insubstituível para os momentos que sucedem não apenas aos gastos de energia física, pois agora o que se tem é emoção que se distribui pelos mais variados momentos da vida. Ela é a responsável pela reposição da energia em situações de aliança com o compartilhamento coletivo, com a alegria e o bem-estar psicológico. Nas campanhas da Felicidade, a esses valores adicionam-se valores mais abstratos, ligados a uma visão mais positiva e otimista das pessoas e da vida, aquele lado que as notícias não mostram e que fazem grande falta, pois são eles que dão sabor à vida, um sabor Coca-Cola. É nisso que a campanha inteira investiu, mantendo indiscutível coerência em cada um de seus detalhes, uma coerência que a análise semiótica atesta, inclusive com aptidão para prever, com certa probabilidade, o sucesso de uma campanha.

7

A cerveja Itaipava sob um olhar semiótico*

São muitas as razões que justificam a entrada de uma análise semiótica no campo da pesquisa de marketing publicitário. Entre elas, as mais comuns se dão quando: (a) uma campanha será lançada e se deseja mais segurança em relação à sua possível eficácia; (b) uma marca passa por um processo de reposicionamento no mercado; (c) um produto, não obstante as campanhas de que se faz acompanhar, recebe pouca aceitação do consumidor; ou (d) o contrário. A análise a seguir foi realizada justamente para evidenciar quais elementos semióticos a campanha da cerveja Itaipava apresenta que sejam capazes de fornecer indicadores explicativos para sua ascensão no respectivo mercado.

1. Embalagem

O rótulo da embalagem aposta em elementos nobres – o dourado e a proeminência da coroa – que o colocam em proximidade com o de cervejas *premium*.

Figura 7.1 Embalagem da cerveja Itaipava.

---

* Todas as imagens deste capítulo são uma cortesia da Cervejaria Petrópolis.

Semiótica aplicada

Figura 7.2 Novas embalagens.

A coroa, de fato, é a grande personagem que comparece em todas as embalagens, ganhando destaque especialmente no rótulo das garrafas nas quais aparece emoldurada por um meio círculo, meia-lua dourada que aí está para aumentar a sugestão de nobreza. Quando se considera o valor simbólico de uma coroa, nessa embalagem ela funciona como uma insígnia de que o produto se vale para indicar a confiabilidade da sua procedência.

O rótulo da garrafa trabalha com três cores apenas: branco, vermelho e dourado. O dourado é uma cor ambivalente: de um lado, pode ser *kitsch*, vulgar, quando brilha excessivamente, indicando gosto duvidoso e busca de imitação do ouro verdadeiro. De outro lado, pode ser indicador do que é verdadeiramente nobre. Este é o caso do dourado nas embalagens das garrafas, relativamente discreto, enquanto ganha brilho na embalagem da lata, um brilho adequado dada sua natureza metálica. A combinação do branco, dourado e vermelho coloca em destaque o vermelho do logo da Itaipava que ganha grande destaque no rótulo, sem agredir a percepção. O vermelho não grita, apenas chama a atenção na medida certa. É certo que o dourado aparece em maior ou menor medida em quase todos os rótulos de cervejas; afinal, cervejas são louras. Mas na embalagem da Itaipava o dourado ganha em sofisticação. Na embalagem da garrafa *premium*, o vermelho do *lettering* é substituído pelo azul, mais discreto, sóbrio e, portanto, mais elegante e apurado. As latas ganham cores significativas para o tipo de produto. O verde combinado com o dourado ganha em profundidade e peso, enquanto o azul e o prata seguem as convenções da ausência de álccol.

O rótulo das cervejas tem uma forma marcadamente oval, que produz a impressão de leveza. Esta forma é cortada transversalmente no centro para dar entrada ao logo, também transversal, da Itaipava. O contraste das linhas curvas ovais com essa grande linha transversal ascendente do *lettering* acrescenta ao efeito de leveza do branco também o de movimento, indicando dinamismo.

1.1 Avaliação

A impressão final das garrafas apresenta sofisticação, leveza e dinamismo. A leveza vem do branco, que é também indicador de frescor, cor adequada para o calor. Mas no caso dessas embalagens, o branco não seria tão importante não fosse o efeito muito positivo da combinação entre o dourado do rótulo e o vermelho do logo, e, no caso da garrafa *premium*, a elegância sóbria do azul.

Todos os elementos da embalagem indicam qualidade, à qual se adiciona o dinamismo graças à presença da linha transversal do logo em todas as embalagens. Sem ser minimalistas, as embalagens são limpas, no sentido de que evitam qualquer poluição visual. Transmitem a informação que desejam, dando a cada elemento o peso adequado que merecem, mas com ênfase no efeito de sofisticação proveniente da coroa e de dinamismo proveniente da transversalidade altiva do logo. Tudo converge para causar a impressão de uma sofisticação que funciona como índice de confiabilidade do produto.

Semiótica aplicada

Há, assim, certa neutralidade na embalagem. Ela não apela para elementos popularizantes, como muitas das cervejas com rótulos de extremo mau gosto, nem para elementos de sofisticação máxima, como é o caso de outras marcas. Portanto, sua aceitação pode se dar por qualquer faixa etária e classe social. Assim, nesse meio termo, o produto serve a todos os gostos, sem apelar para um específico, sem ferir nenhum. Pode-se afirmar que a embalagem da Itaipava tem personalidade própria. Não se confunde com nenhuma outra, embora apresente já na garrafa alguns elementos de *premiumness* que se acentuam na embalagem da cerveja *premium*.

2. Logo e ícone

Figura 7.3 Novo logotipo.

O logo apresenta um vermelho firme. O *lettering* investe na transversalidade, com efeito de grande limpeza e excelente separação entre as letras, o que produz um efeito de arejamento e frescor, criado tanto pelas linhas muito simples quanto pelo vão entre elas.

O logo ganha em efetividade no contraste equilibrado que estabelece entre a transversalidade de suas linhas e a forma oval do rótulo. Tudo convergindo para uma *Gestalt* muito harmoniosa e, sobretudo, dinâmica.

A cerveja Itaipava sob um olhar semiótico

Acompanhado da coroa, em linhas douradas, o logo ganha em destaque. Sobreposta justamente no centro do *lettering*, a coroa acaba por ocupar uma posição funcional de verdadeiro coroamento. De fato, o logo se vê coroado.

Figura 7.4 Ícone de 100%.

O ícone do 100% foi um achado inimitável e inigualável. Seu *lettering* era arredondado, robusto. Não foi à toa que a publicidade explorou as letras como se fossem copos ou garrafas que dentro continham o líquido balançando. Ora, este ícone de formas redondas, curvas, neutralizava a impressão de exagerada leveza das embalagens do produto. Neutralizava também a verticalidade e finura do *lettering* do logo. Enfim, uma combinação perfeita do magro e do gordo, do longilíneo e do vigoroso.

2.1 Avaliação

O logo apresenta uma elegância ímpar: longilíneo, linhas retas, verticais, vermelho sombreado por fios finíssimos de dourado e negro; enfim, sóbrio e chique.

O ícone era brincalhão, lúdico, arredondado, contrastava abertamente com o logo e a embalagem. Mas não brigava com eles; ao contrário, os complementava, neutralizando o efeito de sobriedade das embalagens.

Por isso, o logo tem elementos de *premiumness* pela elegância e sobriedade. Não se podia considerar o logo separado do ícone da marca, que foi muito explorado nas publicidades. Sem o ícone, as embalagens ficariam muito perto de um produto estritamente *premium*. Mas, em conjunção, criavam um casamento bastante acertado entre o sóbrio e o lúdico, o que criava uma aliança capaz de safisfazer a muitos gostos. Ou seja, o produto se dirigia a várias faixas sociais. Portanto, tal como se apresentavam, logo e ícone indicavam com perfeição a intenção da marca: combinar preço popular com exigência de qualidade. Entretanto, a Itaipava não utiliza mais este ícone de 100%, mas manteve como slogan "A cerveja 100%".

Sobretudo, é preciso compreender que 100% é a cifra almejada por qualquer setor da vida humana, em qualquer dos seus campos. Mais de 100% pode ter conotação negativa. 100% jamais; só conotações positivas. Todos os ideais foram atingidos. É o indicador maior de plenitude. Ora, a publicidade "A cerveja 100%" traz dentro de si todos os bons atributos da cerveja. Não é só 100% alegria, celebração, frescor, amizade, companheirismo, lazer etc. São todos os atributos que se associam à cerveja e se concentram nesse "100% cerveja". O ícone era, portanto, muito forte. Na brevidade de uma expressão, condensava todos os traços positivos que estavam ligados à ideia de cerveja. Além disso, 100% cerveja quer dizer também qualidade máxima em cerveja.

A vulnerabilidade deste conjunto de elementos poderia ser encontrada no contraste muito grande entre a sobriedade das embalagens e a ludicidade do ícone. Afinal, 100% cerveja é também 100% barrigudo (aliás, o ícone tinha esse aspecto, todo redondo, rechonchudo), 100% bêbado e outras conotações que não têm nada de positivo. Afinal, a vida não é feita de 100%.

3. A comunicação emocional dos vídeos publicitários

Na maioria das vezes, os filmes publicitários da Itaipava apresentam *voz off* com um texto que acompanha e complementa as imagens. Com exceção de alguns deles na praia, o ritmo é lento, bem de acordo com a mensagem que se quer transmitir, ou seja, qual a porcentagem de cada coisa em comparação com a porcentagem máxima da Itaipava. Ou, então, o que é 100% para cada pessoa, e o que é 100% para todos? A jogada do 100% nas campanhas é imbatível. Ela liquida quaisquer discursos: 100% é 100%, o que mais se tem a dizer? Quem não almeja a ser 100%, a ter 100%, a ficar 100%? Trata-se, portanto, de uma complementação perfeita para "uma cerveja sem comparação".

A comunicação emocional dos filmes explorava os atributos de brasilidade: natureza, sol, calor, praia, brincadeira, juventude. Enfim, um Brasil 100%. Todas as coisas só podem chegar a 100% por adição de cifras. Até mesmo uma belíssima mulher, quase deusa, por exemplo. Apenas o Brasil e a Itaipava são inteiramente 100%.

A comunicação emocional impressa coloca ênfase absoluta no vermelho. Uma modelo com biquíni vermelho, blusa vermelha, camisa vermelha etc. É uma publicidade que investe nos grandes estereótipos da cerveja no Brasil: lindas mulheres quase nuas, mas aqui dentro do padrão de beleza sem sinais de vulgaridade: a bela mulher jovem frequentadora das praias. Quanto ao polo masculino, é representado, por exemplo, por um juiz de futebol parrudo e decidido. Outro símbolo de valor para o gênero masculino quando se considera o fervor dos brasileiros pelo futebol.

3.1 Avaliação

O ícone do 100% funcionava semioticamente como índice e símbolo de tudo que atinge sua plenitude. No caso da cerveja, o que estava sendo explorado era sua qualidade máxima como tal. A grande ênfase das campanhas no 100% apostava nesses elementos: não havia comparação para um produto 100%. Quem não quer algo que é 100%? Sobretudo quando o preço é convidativo? Entretanto, deve-se considerar que, embora pareça imbatível, a ênfase no 100% corria o risco de cansar e se desgastar mais rapidamente do que se espe-

Semiótica aplicada

rava. Ou, então, fixar-se para sempre, passando de ícone a símbolo da marca, algo que fica marcado na memóriado consumidor.

A publicidade explorava contrastes: a leveza das embalagens e o caráter dinâmico do logo em contraste com o ícone todo redondo do 100%; entre a presença preponderante do vermelho no *print* emocional e a preponderância do loiro, amarelo do líquido no *print* funcional. Esses contrastes funcionavam bem. Um lado complementava o outro, e isso concedia certa universalidade para o produto no sentido de aceitação.

4. Comunicação funcional

Como cabe a uma publicidade funcional, os filmes são didáticos, explicativos. Qualidade e *expertise* têm sido o mote das campanhas. A voz em *off* explicita por que se trata de uma cerveja sem comparação: ingredientes selecionados, água cristalina, tudo preparado sem pressa, respeito ao tempo para que tudo seja perfeito. A didática seria entediante se não fosse acompanhada de imagens fortes e sedutoras, exercendo um grande apelo visual.

A publicidade funcional sempre explora o dourado do líquido. As imagens ficam inundadas de um calor solar, irradiante, e todas colocavam grande destaque no ícone do 100%, que permanecia como uma espécie de imagem onipresente. Assim, no seu aspecto funcional, a publicidade conseguia transmitir a credibilidade na informação que veicula. Essa credibilidade era acompanhada pelo apelo que as imagens provocam no receptor. Tratava-se de crença acompanhada de adesão.

4.1 Avaliação

A combinação da presença do vermelho nas publicidades emocionais com a do dourado nas publicidades funcionais é muito bem pensada. O vermelho é excitante, enquanto o dourado transmite calor e inunda a atmosfera de um brilho atraente e agradável.

Entretanto, existe uma vulnerabilidade fundamental na marca. Afinal, se é bom não pode ser mais barato. Cria-se na mente do comprador certa suspeita, mesmo que inconsciente. O que é, de fato, bom, não pode ser mais barato do que um produto similar. Há algo nessa história que levanta suspeitas.

5. Material de PDV

Figura 7.5 Material de PDV da Itaipava.

O material de PDV inunda os ambientes de vermelho, que é a mais excitante e vibrante da escala de cores. É uma cor mais absorven-

Semiótica aplicada

te do que uma cor quente, como o amarelo e o laranja. O vermelho atrai os sentidos e os subjuga, fisga a atenção do receptor. Em ambientes tanto internos quanto externos o vermelho destaca-se e jamais passa despercebido. Na praia, ele se torna um ponto de interesse visual com o qual nenhuma outra cor pode competir.

O uso preponderante do vermelho no material de PDV entra em competição, por exemplo, com a Coca-Cola e com a cerveja Brahma. Até certo ponto rouba-lhes a prerrogativa. Entretanto, não se tem aí um uso arbitrário, pois o logo da Itaipava é vermelho, e esta cor é colocada em destaque nesses materiais.

A rigor, apenas o fundo da embalagem das garrafas é branco. Uma vez que seu rótulo é relativamente discreto, o branco acaba dominando, contra o qual se imprime o vermelho do logo. Esse vermelho, de fato, é a cor do próprio logo; portanto, até certo ponto a cor da marca foi extraída como cor preponderante do material de PDV. Afinal, a função de materiais de PDV não é outra senão capturar a atenção dos receptores. A cor vermelha faz isto como nenhuma outra. Por outro lado, as cores são muito bem distribuídas nas diversas mídias publicitárias entre o dourado e o vermelho, e essas cores estão presentes na memória do produto.

6. Considerações finais

Há que se reconhecer que era genial a ideia do 100% como complemento de um produto sem comparação, arrasadora para os produtos competidores. Entretanto, havia dois pontos fracos nesse apelo. O recurso poderia se esgotar muito facilmente, ou então cair nas graças do receptor. Seria impossível prever caso essa segunda hipótese não estivesse de fato ocorrendo até o ponto de se poder afirmar que a Itaipava se tornou proprietária simbólica do 100%. Outro ponto fraco era que só um milagre divino poderia fazer que um produto *premium* fosse mais barato do que os outros. Havia aí

A cerveja Itaipava sob um olhar semiótico

algo de suspeito, e mesmo falso. Ou seja, a qualidade sempre tem seu preço.

Outro ponto fraco encontra-se na juventude do produto. Será que um produto tão jovem pode competir com a garantia da tradição? Afinal, a tradição tem seu valor. Qual valor? O da confiabilidade daquilo que foi experimentado por gerações afora.

Outro ponto fraco encontra-se no nome do produto. É um nome longo, de 4 sílabas. Para quem não sabe que o nome pertence a um distrito de Petrópolis e que se trata de um nome tupi, o nome é pouco convidativo.

PARTE II

NÍVEL INTERMEDIÁRIO

8

Matisse: uma semiótica da alegria

A análise a seguir foi iniciada no contexto de um curso de pós-graduação interinstitucional firmado entre o programa de estudos pós-graduados em Comunicação e Semiótica da PUC-SP e o Centro de Artes da Universidade Federal do Espírito Santo. Durante o segundo semestre de 2000, ministrei a disciplina Semiótica Peirceana. Fazia parte da programação final da disciplina a realização de análises de processos de signos voltadas para a aplicação dos conceitos trabalhados durante o curso. A escolha de uma obra de Matisse como objeto de análise foi iniciativa do grupo. Por se tratar de uma proposta didática, a análise procura seguir passo a passo o roteiro apresentado no Capítulo 2 deste livro.

1. Apresentação de Matisse

Henri Matisse (1869-1954), considerado um dos mais importantes pintores franceses do século XX, foi um dos líderes do movimento fauvista. Foi eleito membro da Associação Nacional de Belas Artes em 1896. Era um antagonista do pontilhismo e evitou seguir a escola dominante do seu tempo, o cubismo, mantendo-se fiel ao estilo fauvista, no sentido de cores dramaticamente expressivas, como é o caso dos seus interiores vermelhos.

2. Experiência fenomenológica e fundamentos sígnicos da pintura

A obra *Interior Vermelho, natureza-morta sobre mesa azul*, óleo sobre tela, tem a dimensão de 116 × 89 cm (ver Figura 8.1). Foi pintada em 1947; pertence à série *Interiores Vermelhos* de Matisse e se enquadra no movimento fauvista.

Antes de dar início à análise propriamente dita, devemos nos deixar afetar pela experiência fenomenológica. Abrir os olhos do espírito e olhar para a pintura, como na lenda chinesa em que o observador demorou-se tanto e tão profundamente na contemplação da paisagem de um quadro, que, de repente, penetrou dentro dela e se perdeu nos seus interiores.

De acordo com as três categorias, são três as fases dessa experiência:

- Disponibilidade contemplativa, deixar abertos os poros do olhar; com singeleza e candidez, impregnar-se das cores, linhas, superfícies, formas, luzes, complementaridades e contrastes; demorar-se tanto quanto possível sob o domínio do puro sensível.
- Observar atentamente a situação comunicativa em que a pintura nos coloca; a experiência de estar aqui e agora diante de algo que se apresenta na sua singularidade, um existente com todos os traços que lhe são particulares.
- Generalizar o particular em função da classe a que ele pertence. Neste nível, não se trata mais apenas de qualidades apreendidas, nem de singularidades percebidas, mas de enquadramentos do particular em classes gerais.

Matisse: uma semiótica da alegria

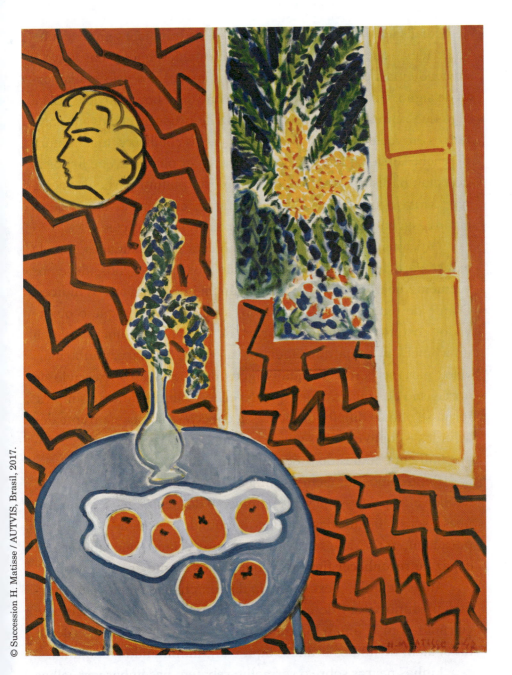

Figura 8.1 Henri Matisse, *Intérieur rouge, nature morte sur la table bleue* (1947), Museu Kunstsammlung Nordrheinwestfalen, Düsseldorf; foto: Walter Klein.

Realizada essa experiência, com todo o turbilhão sempre confuso de ideias que ela costuma provocar, estamos aptos a dar início à atividade mais propriamente analítica. Começamos pelo fundamento do signo. Que a pintura é um signo não deve haver dúvidas. Ela é algo que representa algo, sendo capaz de produzir efeitos interpretativos em mentes reais ou potenciais. Essas condições, toda pintura preenche. Essa, não menos do que quaisquer outras. O que importa, no entanto, discernir é o modo como esta pintura particularmente representa o que professa representar e, em função disso, quais efeitos está habilitada a produzir em possíveis intérpretes.

O primeiro fundamento do signo está nas qualidades que ele exibe. Para sermos fiéis à apreensão dos qualissignos, devemos veementemente evitar uma transferência imediata para os índices. Diante de uma pintura como essa, a primeira coisa que o observador costuma fazer é enxergar os índices: "ali está uma mesa, ali uma janela, lá um jardim, aqui um vaso" etc. Não há caminho mais veloz para se perder os qualissignos do que esse. O exercício de apreensão dos qualissignos que deveria ser limpidamente simples, torna-se o mais difícil porque nossa cabeça se coloca na frente dos sentidos e como que lhes apaga a visão. Para evitar esse risco sempre iminente, temos de procurar olhar com olhos novos.

Retardemos também a nomeação, "isto é aquilo", "aquilo é aquilo" etc., pois esse já seria o universo dos legissignos, que retrai nossa sensibilidade das simples qualidades. Fiquemos no plano puramente sensório e sensível, como uma criança que ainda não é capaz de reconhecer figuras. O que temos diante de nós?

Antes de tudo, a exuberância da cor, chapada e pura, um verdadeiro hino visual de exaltação da cor: vermelho em contraste vibrante com o amarelo, complementados pelo azul e verde. É tudo, além de fundos brancos aqui e ali, iluminando o conjunto.

Linhas negras sobre o vermelho rebatem nas linhas vermelhas sobre o amarelo. Linhas retas contrastam com linhas curvas e com traços diagonais negros em zigue-zague, elemento mais marcante na pintura depois das cores dominantes. A oposição entre as linhas mais duras dos retângulos dentro de retângulos e as linhas sinuosas dos círculos dentro de círculos, especialmente o grande círculo azul que salta à frente no conjunto, é também uma oposição entre o geométrico e o orgânico, entre os quais se destaca a pura gestualidade das linhas ziguezagueantes negras.

Em meio a essas cores e linhas, brota um feixe de pinceladas coloridas com ênfase no verde na metade superior direita da tela. A gestualidade nos traços e pinceladas salta à vista.

A pintura é pura superfície. A ruptura com a linha do horizonte apaga qualquer ilusão de profundidade de campo e cria um jogo de planos no qual se destaca o plano superior à direita ocupado pelo grande retângulo e o plano inferior à esquerda, ocupado pelo grande círculo, numa composição equilibrada de volumes e pesos. A continuidade do fundo vermelho e das linhas diagonais em zigue-zague toma conta de todos os planos, penetrando, inclusive, dentro do retângulo dominado pelo verde. Esses zigue-zagues, que tudo atravessam, criam uma atmosfera de flutuação. Os campos de referência do olhar hesitam e se misturam entre os planos pictóricos em superfície chapada.

Esses são os qualissignos. Evidentemente, ao serem descritos em linguagem verbal, perdem o sabor da mera apreensão sensória que é mais coetânea com o universo das qualidades visuais. Neste nível da análise, ainda não fazemos referência a quaisquer figuras ou àquilo que elas podem indicar, pois isso é uma função do índice.

O segundo fundamento do signo está no seu caráter de existente, o sinsigno. Tem-se aqui a realidade do quadro como quadro. Importantíssimo neste momento é darmo-nos conta de que não estamos, de fato, diante de um quadro, mas de uma reprodução de um quadro. Essa é a realidade existencial do que se apresenta diante de nós. Esse aspecto é muito importante para quem estuda arte, porque um sinsigno quadro apresenta qualissignos que são diferentes dos qualissignos de um sinsigno reprodução. Quando o suporte se modifica, mesmo em se tratando de uma reprodução, os qualissignos necessariamente também se modificam.

Semiótica aplicada

Para a pintura, como objeto único que é, o qualissigno é substancial. Por isso, a exigência de se trabalhar com o original não é meramente formal. Em uma reprodução, as cores adquirem uma pigmentação distinta da original. Quando passamos de um quadro a óleo para uma reprodução em papel, perde-se a textura, a marca do gesto. Perde-se, além do mais, a dimensão. O tamanho de um quadro é um ato de escolha do artista. As reproduções também perdem esse qualissigno. As qualidades que se transformam devem ser levadas em conta porque qualissignos distintos produzirão efeitos, impressões de qualidade também distintas.

Isso posto, se estivéssemos diante do próprio quadro, o sinsigno seria sua realidade particular de um quadro singular, com uma dimensão de 116 × 89 cm, devendo-se levar em consideração também o lugar que ocupa, seu ambiente de inserção, enfim, seu contexto existencial: as paredes de um museu, de uma habitação etc.

O terceiro fundamento do signo está nos seus aspectos de lei. Neste caso, esse sinsigno particular pertence à classe das pinturas. No universo das pinturas, pertence à classe de pinturas a óleo. Enquadra-se ainda na classe das pinturas modernas e, no interior dessa classe, no gênero fauvista. Além disso, enquadra-se na tradição das naturezas-mortas e em um certo padrão de pinturas em telas retangulares, verticais.

Sob esses aspectos, esse quadro particular é um sinsigno de tipo especial, quer dizer, é uma réplica que se conforma a uma série de legissignos. O quadro, portanto, é um exemplar das leis que nele se corporificam.

3. Nos interstícios da sugestão e da sinalização

Examinados os fundamentos, o caminho está aberto para a análise dos tipos de objetos a que esses fundamentos podem se reportar. Dependendo da natureza do fundamento, também será diferente o tipo de relação do signo com seu objeto dinâmico. A via para o exa-

— 116 —

me desses tipos de relações, que podem ser icônicas, indiciais ou simbólicas, está no objeto imediato do signo, a saber: no modo como o qualissigno sugere seus objetos possíveis, no modo como o sinsigno indica seus objetos existentes e, por fim, no modo como o legissigno representa seu objeto.

A profusão de qualissignos acima mencionada, em si mesma, não seria capaz de representar nada fora dela se os traços, as linhas, os contrastes entre as cores não sugerissem, como é o caso nessa pintura, algumas figuras que poderiam existir e ser percebidas fora da pintura: mesa, vaso, maçãs, quadro, porta, jardim, chão, parede. É certo que as sugestões nada têm de realistas. São vagas, reduzidas ao traçado mínimo necessário para terem algum poder de referência, isto é, para funcionarem como imagens, no sentido peirceano, signos que representam seus objetos por apresentarem semelhanças de aparência com eles.

Entretanto, as imagens aqui são bastante ambíguas na sua referencialidade. A porta poderia ser uma janela. Só não o é devido ao recurso sutil da continuidade do chão que a atravessa na direção de fora. Mas esse chão só se define como tal em oposição à parede que, por sua vez, se define como parede devido a um outro recurso ainda mais sutil, o de um círculo amarelo no alto à esquerda que bem pode ser um quadro ou algo similar. Sobre a mesa repousam o que devem ser maçãs sobre algo indefinível: uma forma de ameba que pode ser uma bandeja, toalha ou uma fruteira, impossível de decidir.

Enfim, todos os elementos ficam reduzidos a formas muito elementares, quase infantis, não fosse a inteligência visual dos recursos sutis utilizados na composição do todo. A ambiguidade referencial não é sem consequências. Uma vez que o poder representativo fica no nível de pura sugestão, a pintura acaba por chamar a atenção para si mesma como pintura, para aquilo que faz dela uma pintura: cores, traços, linhas, volumes, contrastes, texturas etc. Isto é, chama a atenção para suas qualidades internas, para o seu lado puramente icônico, pois tudo o que diz

Semiótica aplicada

respeito ao poder de referencialidade das imagens, o reconhecimento e identificação daquilo a que ela se refere já desliza para o seu lado indicial.

Ao dificultar o reconhecimento e identificação, ao suspendê-los, essa pintura cria uma demora icônica. É claro que pessoas esquecidas do ícone irão imediatamente dizer: "ali está uma mesa, lá está uma porta". De todo modo, mesmo aos esquecidos, as qualidades internas dessa pintura não podem passar despercebidas. Mas, ao mencionarmos o intérprete, já passamos para o nível do interpretante. Voltemos, pois, para o índice.

Para analisar o aspecto indicial temos de nos fazer a seguinte pergunta: mesmo sendo o aspecto icônico muito proeminente, em que medida essa pintura ainda guarda resíduos de figuratividade, quer dizer, em que medida ela ainda é capaz de indicar objetos que estão fora dela e que ela retrata?

Quando examinado com atenção, o aspecto indicial dessa pintura também se revela muito rico, pois ele se distribui em dois níveis:

- a indexicalidade interna à própria composição;
- a indexicalidade externa, a saber, o poder indicativo das imagens.

No nível interno, o chão que continua através da porta indicia que se trata de uma porta. O quadro ou algo similar, situado no alto do canto esquerdo, indicia que se trata de uma parede. O vaso sobre a mesa indicia que se tem aí uma mesa. Sem o vaso, a figura da mesa ficaria ainda mais ambígua. A porta indicia uma divisão entre o interior e o exterior no qual se situa um jardim. Enfim, como ocorre na música, a composição, neste caso visual, organiza-se em função de um processo de indexicalidade interna dos seus elementos.

Ainda como indexicalidade interna tem-se a relação da pintura com seu título. Este funciona como um índice de que o quadro pertence a uma série realizada pelo pintor, a dos interiores vermelhos.

— 118 —

Matisse: uma semiótica da alegria

No nível da indexicalidade externa, as figuras, embora apenas de modo evocativo, sinalizam uma sala (interior) com objetos que lhe são próprios: mesa, vaso, quadro, chão, parede, porta, jardim (exterior). Os traços indicam a energia do gesto do artista; o modo de compor traz as marcas de autoria de Matisse; as cores indicam o período diurno; as flores indicam a estação do ano; as maçãs indicam outras maçãs em um outro quadro não menos famoso, como veremos mais à frente na análise dos interpretantes. O interior também indica outras pinturas de interiores, muitas delas verdadeiros documentos de costumes e períodos históricos, interiores, aliás, que Matisse universalizou nessa pintura, reduzindo o interior a um puro jogo composicional de interpenetração do exterior no interior e vice-versa.

Como se pode ver, os índices são sempre muito eloquentes. Basta atentar para eles.

Já os símbolos dizem respeito, em primeiro lugar, aos padrões pictóricos que são aí utilizados, no caso, padrões da arte moderna, evidentemente com a marca *sui generis* de Matisse. Aquilo que se repete regularmente em todos os quadros de Matisse, e que torna possível reconhecer que se trata de uma pintura dele, também acaba por simbolizar Matisse, ou seja, o pintor erigido como um dos símbolos da arte moderna, um de seus maiores expoentes.

O símbolo também diz respeito aos elementos culturais, às convenções de época que a pintura incorpora. Entretanto, é preciso lembrar aqui que os elementos culturais e as convenções só funcionam simbolicamente para um interpretante. Dependendo do tipo de intérprete, dependendo especialmente do repertório cultural que o intérprete internalizou, alguns significados simbólicos se atualizarão, outros não. Desse modo, os aspectos simbólicos são mais propriamente examinados no momento da análise do interpretante dinâmico, quando a autora desta análise assume explicitamente o papel que vem desempenhando desde o início da análise, quer dizer, o papel de interpretante dinâmico do processo de signo que vem sendo examinado. Antes disso, porém, façamos uma síntese dos objetos imediatos e dinâmicos dessa pintura.

Semiótica aplicada

4. Os objetos do *Interior Vermelho*

No seu aspecto icônico, o objeto imediato dessa pintura define-se através do modo muito *sui generis* com que Matisse reinterpretou o tema dos interiores e da natureza-morta, nas qualidades pictóricas específicas que ele acionou para isso e na ambiguidade referencial das imagens.

No seu aspecto indicial, o objeto imediato reside no poder de referencialidade das imagens. Há, nessa pintura, uma espécie de luta entre a ambiguidade icônica, de um lado, e a referencialidade indicial, de outro. Essa luta resulta em um equilíbrio entre ambas as partes. Há uma referencialidade, não se pode negar, mas essa referencialidade é hesitante.

No seu aspecto simbólico, o objeto imediato diz respeito aos padrões pictóricos pertencentes à arte moderna de que o pintor fez uso. As rupturas com a tradição pictórica ocidental, levadas a efeito pela arte moderna, acabaram por criar novos tipos de convenções, tais como a tela-superfície, a gestualidade marcante das pinceladas e dos traços, os paralelismos entre os planos pictóricos etc.

O objeto dinâmico dessa pintura é, enfim, aquilo a que a pintura se reporta. Mesmo que de maneira difusa, as imagens indicam uma sala com objetos, um jardim, visto através de uma porta aberta, e, dentro da sala, uma natureza-morta. Neste aspecto, o quadro indica toda uma tradição pictórica de naturezas-mortas. O contexto dessa pintura, muito mais do que ser uma possível sala retratada pelo artista, é o contexto da história da pintura, especificamente da história das naturezas-mortas. Tanto é assim que pouco importa se o ambiente retratado existiu de fato, ou se foi uma projeção da imaginação do artista. Este quadro não professa representar um ambiente determinado, nem documentar esse ambiente. Ao contrário, está na realidade dialogando com a própria pintura. Neste ponto, entretanto, já estamos introduzindo elementos que fazem parte do repertório de quem está analisando essa pintura e que ocupa, nesta semiose, a posição de objeto dinâmico. Passemos, assim, para a face dos interpretantes.

5. Os efeitos interpretativos do *Interior Vermelho*

O primeiro nível do interpretante é o imediato, a saber: todos os efeitos que o signo está apto a produzir no momento em que encontrar um intérprete. Que potencial interpretativo essa pintura tem? Há nela, sem dúvida, uma predominância do sensório sobre o documental e o simbólico. A exuberância das cores, sua exaltação, está destinada a produzir uma exultação do olhar, um certo efeito de alegria visual, leveza, flutuação, que, aliás, se constitui em marca de identidade de Matisse. Por isso mesmo, quando o seu processo interpretativo se efetivar, nele tenderá a dominar o interpretante dinâmico de nível emocional. Aquilo que a audição de uma música como a de Mozart produz no ato da escuta, essa pintura está fadada a produzir no olhar.

Também produzirá uma hesitação quanto à referencialidade das figuras e à composição como um todo. Não há como evitar essa hesitação. Dela resulta a demora, a suspensão perceptiva do observador. Percepção que deverá oscilar no jogo de planos que essa pintura realiza: o exterior que avança para a frente, invadindo o interior, o que cria a sensação de um quadro dentro do quadro, pois a porta é também uma espécie de quadro. Devido a essa suspensão de uma percepção automatizada, nessa pintura existem elementos para convocar o observador a entrar tatilmente no ambiente. Nesse nível é o interpretante dinâmico energético que entrará em ação.

No nível do interpretante dinâmico, na sua subdivisão do interpretante lógico, as regras interpretativas, os hábitos associativos que o intérprete acionará dependem do repertório do intérprete, ou melhor, dependem da experiência colateral que esse intérprete já teve com o campo contextual do signo, dependem dos conhecimentos históricos e culturais que já internalizou. Assim sendo, alguns intérpretes poderão perceber a intertextualidade dessa pintura especialmente com a natureza-morta de Cézanne, cujas maçãs marcaram a história da pintura para sempre. Poderão

Semiótica aplicada

perceber também a função metalinguística dessa pintura no questionamento que ela promove, usando de meios estritamente pictóricos, das formas de representação pictóricas do quadro-janela na pintura ocidental.

Nesse nível do interpretante lógico, essa pintura foi feita para ser vista por quem conhece arte, particularmente a história da arte moderna. Sem isso, o observador poderá ficar apenas no nível do interpretante emocional, exatamente como acontece na música. Os leigos ouvem música no nível do interpretante emocional, enquanto os especialistas avançam até os mais variados aspectos do interpretante lógico que serão tantos mais quanto mais amplo for o repertório de conhecimentos do intérprete.

É muito difícil falar sobre o interpretante imediato, pois ele é um interpretante abstrato. Trata-se do potencial do signo para significar o que vier a significar ao encontrar seus intérpretes. Portanto, ao falar do interpretante imediato, com base naquilo que os vários aspectos já analisados da semiose nos permitiram perceber, já fazemos previsões quanto ao interpretante dinâmico, quer dizer, quanto àquilo que o signo provavelmente produzirá como efeito no encontro com seus intérpretes. Isso é possível porque o potencial significativo do signo tem uma objetividade que é própria do signo, que depende de sua constituição como signo.

Por isso mesmo, quando falamos do interpretante imediato já estamos falando a partir da posição do interpretante dinâmico, posição que inevitavelmente desempenhamos quando fazemos uma análise semiótica. Quer dizer, desde o princípio, aquele que faz uma análise semiótica a faz assumindo necessariamente a posição do interpretante dinâmico daquela semiose específica. Isso significa que o analista está necessariamente implicado na análise que realiza. Não se deve entender com isso que a análise está fadada a submergir na mera subjetividade, pois o percurso da semiose, que começou no fundamento do signo avançando até o interpretante, segue uma lógica que obriga o analista a se desprender de uma visão puramente subjetiva.

— 122 —

Por fim, o interpretante final é o interpretante em devir: toda a admiração e gratificação ao olhar que essa pintura ainda poderá despertar no futuro. O que será dela no confronto com os desenvolvimentos que a arte tiver no futuro? Como a estarão sentindo, como estarão reagindo a ela e valorizando-a daqui para a frente? Por isso mesmo, o interpretante final é um interpretante em aberto. Por estarem no mundo, por fazerem parte dos desígnios da vida, os efeitos que os signos poderão porventura produzir no seu devir são tão enigmáticos quanto o próprio desenrolar da vida.

9

A princesa Diana e a mídia: diferenças que fazem a diferença

T omando como objeto de estudo a hiperexposição crescente de imagem a que a princesa Diana foi submetida pelas mídias, durante muitos anos, desde seu namoro com o Príncipe de Gales até sua morte trágica, a análise que aqui se segue busca fugir do estereótipo da crítica dos meios de massa como manipuladores e ideologicamente impositivos. Trata-se de tentar absorver, nas malhas da análise, traços quase imperceptíveis de diferenças que fazem a diferença.

Do ponto de vista da mídia, na voracidade com que captura, em suas malhas, imagens de ricos, famosos e poderosos para o consumo insaciável de um público viciado em intimidades alheias, o fenômeno Diana não apresenta muita diferença em relação a outros fenômenos do *big show business* tais como Madonna, Jackson e, no Brasil, Xuxa.

A lógica da mídia é brutalista, desconhece as sutilezas das diferenças. Atende cegamente aos ditames do consumo. Se uma imagem é um bom produto, se vende bem, essa imagem será perseguida sem tréguas e sem limites. Quanto a isso, entretanto, não há novidade nenhuma. Os mecanismos da mídia já foram esquadrinhados, criticados, vilipendiados à saciedade e, muitas

Semiótica aplicada

vezes, por agentes que atuam na própria mídia, dela fazendo necessárias autocríticas. Mas a lógica das mídias é também uma lógica de autossobrevivência: é vender ou perecer.

Embora não haja muito a acrescentar sobre o funcionamento mercantilista das mídias, é também certo que não se pode minimizar a existência de uma complexidade psicológica na relação dos mecanismos midiáticos com seu público receptor, sem o que esses mecanismos não funcionariam. A apreciação de Bougnoux (1994: 204-205) sobre a complexidade que envolve o tema de que estamos tratando, a saber, a relação das estrelas da mídia com seu público receptor ou consumidor, é bastante instrutiva: "Não é verdade que a *star* encarna tudo que nos falta: a beleza, a vida de sonho e o olhar do outro?". O autor faz essa indagação para responder que

> "a manifestação da *star* é um bom exemplo de representação contagiosa e de profecia autorrealizadora; o olhar atrai o olhar, o público faz a *star* que, em retorno, faz o público (seu fã-clube). Ou mais exatamente: na *star*, a multidão adora narcisisticamente o operador de seu próprio congraçamento. [...] A *star* é um atrator endógeno que acaba sendo considerado exterior, um comportamento emergente próprio (um efeito de composição), produzido pela multidão quando, afinal, esta imagina ser produzida por ele. [...] Este fenômeno, enfim, tem algo a ver com a manifestação do bode expiatório, condenado a morrer por nós: à *star*, ao ator, assim como aos ídolos da cultura de massa aos quais nos identificamos, pedimos, inversamente, para viverem em nosso lugar."

Embora perscrutantes, essas explicações sobre as complexidades da relação do público devorador com as imagens que ele devora também não nos fornecem meios para compreender diferenças muito sutis que se ocultam por trás da mera superfície das imagens, diferenças que podem nos levar a desvendar a especificidade de Diana, sua singularidade. Por que Diana não é Madonna nem Xuxa? Os instrumentos afiados com que a semiótica nos dota para a análise dos fenômenos midiáticos podem nos levar a compreender essas diferenças. Essa é a proposta que pretendo aqui desenvolver.

Xuxa, Madonna ou Jackson fazem parte, eles mesmos, da mídia. São seus filhos legítimos. A mídia precisa deles tanto quanto eles necessitam da mídia. Sem ela, não existiriam. Daí o despudor e mesmo obscenidade com que se expõem, escancarando suas intimidades no marketing pervertido da fama. Os astros midiáticos têm uma existência vicária, dependente da mídia. Se deixarem de aparecer, desaparecem.

Diana, ao contrário, foi filha de outro mundo. Diana tinha autonomia de existência. Sua fama era autônoma, desprendida da mídia. Era a mídia que precisava dela, enquanto ela preservava o poder encantatório daquele tipo de fama protegida, que está fora do alcance, principalmente das teleobjetivas. Quantas peripécias não foram necessárias para capturar imagens de Diana grávida, Diana em férias, o cotidiano de Diana; o constrangimento de sua foto nos aparelhos de musculação; as especulações sobre a anorexia de Diana, suas unhas roídas... Cada ínfimo detalhe de seus hábitos era perseguido com sofreguidão incansável.

Para se compreender essa primeira marca de distinção entre aqueles que precisam da mídia e aqueles de que a mídia necessita, os conceitos de objeto imediato e objeto dinâmico do signo podem nos ajudar.

1. O hiato entre objeto imediato e dinâmico

Que todas as imagens veiculadas pelas mídias são signos deve ser uma constatação evidente. São, realmente, imagens, quer dizer, hipoícones que representam seus objetos por semelhança. A imagem de Jackson, de fato, parece-se com a aparência que Jackson tem em cada um de seus diferentes momentos. Isso é óbvio.

Menos óbvio, no entanto, é que a iconicidade é apenas um aspecto componente de uma ação sígnica mais importante no caso

Semiótica aplicada

das imagens midiáticas, a saber, a ação do índice. Essas imagens são fotos, filmes, gravações e, como tais, são, sobretudo, índices. Nelas o que realmente importa é a função de apontar para uma existência singular, particular de que a imagem na foto é apenas uma parte. Milhares e milhares de fotos ou de gravações, em situações, poses e exposições as mais diversas, não serão nunca capazes de exaurir essa existência individual para a qual as fotos apontam. É justamente esse *gap* irremediável, esse hiato intransponível entre o objeto dinâmico, a pessoa existente que está por trás da imagem, e o objeto imediato, o modo particular como cada foto exibe o ser real nela ausente, que alimenta a fome insaciável do público consumidor dessas imagens.

O que esse público deseja é o impossível acesso direto ao objeto dinâmico: ver, tocar, ouvir, na ilusão de que o ver é, por si só, presença, sem se dar conta de que o ver e mesmo o tocar também são mediados por um feixe de impressões perceptivas que nos põe diante, mas, até certo ponto, também nos afasta da pura presença, da santa e rara presença pura, do milagre inatingível da pura presença.

Haja vista, por exemplo, as cenas de histeria das fãs diante da presença dos seus ídolos em *shows* ao vivo. Ali, está, enfim, o objeto dinâmico, o idolatrado ser vivente em carne e osso. Mas a cena histérica advém do fato de que, mesmo ali ao vivo, o ídolo ainda está distante, não se pode agarrá-lo por inteiro. O olhar que é dirigido a ele tem uma certa distância e um certo ponto de vista, um certo enquadramento e uma irremediável incompletude.

Assim também funcionam as fotos, com a diferença de que estas, evidentemente, acrescentam uma mediação a mais à mediação do olhar, quer dizer, a mediação da máquina se soma à do olhar. Enquanto o olhar é volátil e exploratório, a foto é um instantâneo congelado para sempre. Mas a relação dos objetos semióticos de ambos não é tão distinta quanto imaginamos. Em ambos, não há como transpor o hiato entre o objeto dinâmico, o ser existente que tanto a foto quanto o olhar só podem indicar, e o objeto imediato, na foto, a imagem desse ser, e, no olhar, o inevitável

A princesa Diana e a mídia...

ponto de vista que o olhar nos dá. Se esse hiato é um dos responsáveis pela sede infinita com que o público consome imagens, quais são as diferenças no tratamento semiótico das imagens de Diana e as de Madonna?

Diana pertencia à estirpe das pessoas para as quais a separação da vida pública e privada deve ser nitidamente demarcada. Os *pop stars*, ao contrário, dissolvem essas fronteiras sem deixar rastros, pois a exposição de suas intimidades é necessária para alimentar a voracidade da mídia, voracidade de que um *pop star* necessita para continuar existindo como tal. Desse modo, enquanto, no caso dos *pop stars*, o objeto imediato, isto é, as imagens nas fotos e gravações, avança inexoravelmente cada vez mais próximo do objeto dinâmico, no caso de Diana, há um lado do objeto dinâmico que se protege e se oculta. Ora, esse ocultamento só incita ainda mais a mídia, uma vez que, para esta, as imagens públicas, repetitivas, formais e discretas, são insuficientes para atender às exigências do público. Quanto mais proibido é o acesso ao objeto dinâmico, mais atraente ele se torna.

Sob esse ponto de vista, Diana apresentava semelhanças com Jacqueline Kennedy Onassis. Também rica, famosa e poderosa, a fama de Jacqueline não era bidimensional, fama que dependesse exclusivamente da superfície das imagens. Era famosa por posição social, por razão de existência e não estritamente de *show business*. Contudo, tanto quanto Jacqueline, outras foram mulheres de presidentes norte-americanos, outras foram mulheres de biliardários. De onde vinha seu extraordinário poder sobre a mídia? Do mesmo modo, há outras princesas no mundo. De onde vinha o fascínio exercido por Diana?

Além de ocuparem existencialmente o lugar da fama, da riqueza e do poder, Jacqueline e Diana tinham *glamour*. Glamourosas, belas, chiques, foram estrelas com brilho próprio, exercendo sobre a mídia e os milhões de seus receptores a mesma força de atração das grandes divas do cinema. Nesse aspecto, elas compartilhavam traços em comum com as deusas da mídia. A superfície

Semiótica aplicada

das imagens midiáticas exige o verniz da beleza. A essa superfície, o feio, o comum, o previsível são insustentáveis e insuportáveis.

Não obstante as semelhanças, entre Jacqueline e Diana ainda se interpôs uma grande distância. Jacqueline era plebeia.

2. A realeza como legissigno simbólico

A realeza é uma marca de nascimento. Não se trata de uma marca como uma pinta no rosto, pois uma pinta é simplesmente um ícone, mas se trata sim de uma marca muito mais complexa. Enquanto outros ricos e famosos o são porque fazem ou fizeram algo, os nobres são como são. Nascem nobres. Trazem essa insígnia de nascença. Enquanto qualquer um pode ter a chance de ser presidente da república, artista consagrado, ou ter a chance de transformar-se de empregado em industrial ou financista opulento, ninguém pode vir a ser nobre.

A realeza funciona como uma relíquia da ordem feudal. Uma ordem social extinta. Por isso mesmo, a realeza é tão preciosa quanto uma peça de antiguidade. Memória de um tempo que não mais existe.

Dos comentários acima não fica difícil extrair que a realeza funciona como um legissigno simbólico. Um nome próprio, nosso nome próprio também age como um legissigno simbólico, mas, para agir como tal, o nome próprio precisa antes funcionar como índice. Precisa indicar uma família. No caso da nobreza, o caráter do índice quase se dissipa diante da força simbólica do seu legissigno. Nenhum nobre pode vir a deixar de ser nobre, porque a nobreza é um signo de lei. Vem daí a força simbólica da nobreza, erigida como valor máximo, insuperável, símbolo de todos os símbolos sociais.

Por isso mesmo, a realeza guarda em relação ao povo a mesma função representativa que detinha nos tempos feudais. Um rei é o rei de todos. Nesse processo identificatório do povo com o rei, não há partidarismos, não há distinções de classes, não há ricos

A princesa Diana e a mídia...

nem pobres. Todos se irmanam na aceitação da representatividade do rei (Willianson 1986: 75-89). Mas há nessa representatividade um traço icônico, apto a despertar interpretantes emocionais, traço que vale a pena ser explorado.

A representatividade do rei não resulta simplesmente da aceitação de uma convenção social, como é o caso do símbolo, mas implica também uma identificação afetiva, de sentimento, que resulta de uma representação icônica, por pura analogia: o povo está representado no rei porque o rei é o povo. Mas é o povo representado. Daí o sentimento de identidade (relação icônica) e ao mesmo tempo de distância, intangibilidade (relação simbólica), que a realeza desperta nos súditos

Vem dessa mistura bem integrada do ícone e do símbolo que a realeza como relíquia se preserve como se os séculos não houvessem transcorrido; como se o modo de produção capitalista não tivesse levado de roldão todos os valores estéticos e éticos prezados pela aristocracia. Se, até o século XIX, a burguesia ainda emprestava os valores da aristocracia, a mercantilização e vulgarização de todos os valores no século XX vieram transformar a realeza no último reduto, relíquia preciosa de uma ordem perdida e que se mantém pela força afetiva de sua representatividade social.

Ao se tornar esposa do príncipe Charles, pelo passe mágico do casamento, Diana recebeu o facho de um símbolo, adquirindo a aura que o símbolo da realeza produz. Como se isso não bastasse, Diana se tornou ainda mais divinizada porque sua história teve todas as características do conto de fadas. Como uma espécie de Sissi reencarnada, Diana saiu do baixo escalão da nobreza e da vida simples de uma professorinha para penetrar na intimidade dos palácios reais, constituindo-se numa das projeções modernas mais bem realizadas do desejo inconsciente da mulher escolhida por um príncipe.

Entretanto, a aura da realeza de Diana foi uma aura paradoxal. Em franca oposição à imagem dessexualizada, antiga, *kitsch* da rainha Elizabeth, Diana foi uma princesa moderna, ousada na sua elegância erótica e cintilante. Por ser princesa, mas, ao mesmo

Semiótica aplicada

tempo, romper com as convenções da imagem imposta pela família real, Diana agradava gregos e troianos. Os conservadores encontravam na sua juventude e beleza as desculpas pelos seus excessos. Os modernos encontravam na sua imagem a transfiguração de uma realeza decadente.

Como se todos esses ingredientes não bastassem para alimentar a avidez da mídia e a idolatria do público, a vida pessoal de Diana foi adquirindo traços folhetinescos.

3. O índice engole a vida

Afastando-se do paradigma do conto de fadas, em que os heróis se casam e vivem felizes para sempre, Diana e Charles estavam longe da felicidade. A existência cotidiana do casal passou a adquirir elementos de enredo novelesco. Uma vida com lances narrativos, vida para ser contada. E assim o foi, durante anos.

A vida de Diana era uma espécie de filme ininterrupto e a imagem de Diana foi se tornando cada vez mais onipresente. Era tal a profusão de imagens de Diana que o objeto imediato do signo, seus aparecimentos sob a forma de imagem, parecia estar conseguindo realizar a impossível proeza de engolir o objeto dinâmico, a Diana em carne e osso.

A coragem do divórcio e o reencontro do amor foram segmentos narrativos numa vida que só parecia estar sendo vivida para poder ser contada. Contrariamente à ordem das coisas, o objeto dinâmico não podia encontrar outra justificativa para sua existência senão aquela de se converter ininterruptamente em signo para ser consumido. O lance final da morte violenta e prematura, no clímax de sua relação amorosa, foi uma estranha espécie de prova de que, na existência de Diana, ficção e realidade, vida e representação imagética da vida se misturaram até o ponto de se tornarem indistinguíveis. Diana viveu e morreu como se estivéssemos todos assistindo a um filme sem final feliz.

A princesa Diana e a mídia...

Esses parecem ter sido os ingredientes fundamentais na criação da imagem midiática da princesa Diana. Resta agora compreender por que o império das imagens engendrado pelas mídias, aparentemente tão poderoso, tem vida tão curta e revela-se tão frágil quanto um castelo de areia. Por que as imagens da mídia morrem tão rapidamente quanto a morte dos indivíduos de cujas vidas essas imagens se alimentam? Para melhor compreender a provisoriedade dessas imagens, basta comparar seu acelerado desaparecimento em oposição diametral com a vivificação por que passa a obra de um escritor, de um pintor, de um poeta, depois de sua morte. Comparar, enfim, a efemeridade das imagens da mídia com a eternização das obras de arte.

4. Os ícones da arte *versus* os índices da mídia

Todos as imagens criadas pela mídia só sobrevivem na medida em que o ser humano real, o objeto dinâmico que existe por trás dessas imagens, consegue manter o apelo do público. Basta o ser existente, objeto das imagens, envelhecer, gastar-se um pouco para que esse apelo também comece a fenecer. Os signos midiáticos, feitos de imagem, fotografias, filmes, são seres vicários. Dependem da existência dos seres de que os signos são os registros. Desaparecendo os seres existentes que os signos registram, esses signos também desaparecem. Eles precisam do existente para existirem eles mesmos.

A morte da princesa Diana significou *sine qua non* a morte de sua imagem, visto que não havia nada mais a alimentar essas imagens senão a existência de Diana, a beleza de seu rosto, de suas roupas, o brilho do seu olhar, a resplandecência de sua pele, o *glamour* de sua presença, os entrechos e vicissitudes de sua biografia. A mídia necessita do existente vivo, tanto quanto um vampiro necessita do sangue de suas vítimas.

Um escritor, um pintor, um cineasta, ao contrário, tornam-se mais vivos depois de mortos. Essa é a diferença crucial entre os

Semiótica aplicada

signos indiciais produzidos pela mídia e as obras de arte que são preservadas para a posteridade. Signos midiáticos só podem continuar existindo na medida em que sugam a vida, transformando a existência viva em superfície imagética. Na ausência, no desaparecimento da vida ininterruptamente sugada pelos índices, eles próprios, os índices, também desaparecem. Essa é a fragilidade de que são feitos os índices, do mesmo modo que a fumaça só existe enquanto existir o fogo. Depois de muito pouco tempo, o máximo que pode restar desses índices é a nostalgia. É tão só, não mais do que o sentimento da nostalgia que as imagens da princesa Diana podem provocar naqueles que avidamente as consumiram alguns anos atrás. E, conforme o tempo passar, esses índices não serão nada mais do que meros documentos de época, apagados da memória dos seres humanos.

Um artista, ao contrário, eclipsa sua vida na produção de uma obra. Entrega sua vida a essa produção. Muitas vezes, vive uma existência obscura, longe das praças públicas e da glória, submergido na realização de sua obra. Por isso mesmo, sua vida transcende a morte, continuando nessa obra. Diferentemente dos índices criados pela mídia que dependem da carne e ossos do ser humano por eles registrado, uma obra se desprende do artista, cria vida própria, perdura, numa eternidade muito mais durável do que a dos mármores e metais. Essa eternidade leva o nome do artista, sua marca, seu estilo, sua insígnia. Por essa razão, a arte não produz nostalgia. Sua realidade não está presa a uma existência. Pode ser revivida a qualquer momento, em cada ato de fruição, recepção, em séculos e séculos por vir.

Comparemos mentalmente a imagem da Mona Lisa com um dentre os incontáveis retratos da princesa Diana. Mona Lisa é um ícone e, como tal, desprendido de qualquer objeto dinâmico que lhe dê sustento. Como ícone, vale por si mesmo. Pouco importa se o ser existente que serviu de modelo ao pintor, de fato, existiu ou não. O ícone sobrevive pelo admirável de suas próprias qualidades

— 134 —

internas, das formas, das cores, dos volumes, das luzes e das sombras, da figura que engendra. Por isso mesmo, o sorriso enigmático de Mona Lisa, irrepetível, tem absorvido e continuará absorvendo por séculos a contemplação de todos aqueles que se enamoram do admirável.

10

A eloquência das imagens em vídeos de educação ambiental

A versão original da presente análise foi realizada a convite do Instituto Ecoar para a Cidadania, instituto que tem por objetivo desenvolver projetos educacionais e de produção agroflorestal voltados à sustentabilidade em sentido amplo. Em 2000, um grupo interdisciplinar de especialistas foi convidado pelo instituto para avaliar diversos materiais audiovisuais destinados à educação ambiental. A mim coube a análise semiótica de uma amostra de vídeos. Os resultados desse trabalho coletivo foram publicados em Trajber e Costa (2000).

1. Panorama introdutório

A amostra de 35 vídeos destinados à educação ambiental que será aqui analisada enquadra-se, com maiores ou menores variações, no gênero de vídeo documentário com finalidade educativa (ver referências aos vídeos no final deste volume). São documentários porque são predominantemente informativos. Mas o fato de estarem em um suporte videográfico dá a esses documentos informativos características semióticas que merecem ser destacadas.

Em um outro trabalho (Santaella e Nöth 1999: 157-186) postulamos a existência de três paradigmas no processo evolutivo de produção da imagem: o paradigma pré-fotográfico, o fotográfico e o pós-fotográfico. No pré-fotográfico enquadram-se todas as imagens que são produzidas artesanalmente, isto é, imagens feitas à mão, tais como imagens nas pedras, desenho, pintura, gravura e escultura. O paradigma fotográfico se refere a todas as imagens produzidas por conexão dinâmica e captação física de fragmentos do mundo visível, ou seja, imagens que dependem de uma máquina de registro e que implicam necessariamente a presença de objetos e situações reais preexistentes ao registro. Esse paradigma inclui a fotografia, cinema, TV, vídeo e holografia. O terceiro paradigma refere-se às imagens sintéticas ou infográficas, inteiramente calculadas por computação, imagens que se libertaram de quaisquer dispositivos fotossensíveis químicos ou eletrônicos que registram o traço de um raio luminoso emitido por um objeto preexistente.

Os vídeos, como se pode ver, pertencem ao segundo paradigma. Suas imagens são fruto do registro de coisas, eventos ou situações de fato existentes. Por isso mesmo, o vídeo se presta com bastante propriedade à documentação informativa. Aquilo que está nele retratado existe na realidade. As considerações tão enfáticas de Roland Barthes acerca do poder referencial da fotografia também cabem para o vídeo:

> "A fotografia nunca é mais do que um canto alternado de 'Olhe', 'Veja', 'Aqui está'; ela aponta com o dedo um certo frente a frente, e não pode sair dessa pura linguagem dêictica. [...] teimosia do referente em estar sempre presente. [...] o referente adere. [...] a Referência é a ordem fundadora da Fotografia. [...] esta coisa que nenhuma pintura realista poderia dar-me: a certeza de que eles estavam lá; aquilo que vejo não é uma recordação, uma imaginação, uma reconstituição, um fragmento da Maya, como a arte prodigaliza, mas o real no estado passado: simultaneamente o passado e o real. [...]

A fotografia é crua, em todos os sentidos da palavra. [...] é toda evidência." (Barthes 1980: 18-20, 109, 117, 147, 149 apud Santaella e Nöth 2001: 122).

Esse caráter referencial não só da fotografia, mas de todas as imagens que pertencem ao seu paradigma, será devidamente analisado no momento oportuno nos vídeos que aqui estão sob exame. Antes disso, vale a pena chamar a atenção para o fato de que, em sua quase absoluta maioria, esses vídeos não são feitos só de imagens, mas de imagens acompanhadas por um discurso verbal. A fala e a imagem estão neles inextricavelmente unidas. Nem poderia ser diferente, dado o papel que o discurso verbal necessariamente desempenha em documentários informativos. Nesse sentido, o vídeo documentário é herdeiro do livro ilustrado, de gênero enciclopédico.

Desde a invenção de Gutenberg, em 1455, até os nossos dias, o papel desempenhado pela imagem nos livros só tem crescido. De 1500 a 1675, a iluminura saltou para a xilogravura e desta para a gravura em metal (Beltrão 2000). Com a invenção da fotografia, no século XIX, e o advento do jornal e revistas, a imagem foi se tornando cada vez mais proeminente nas relações que pode estabelecer com a palavra. O vídeo documentário insere-se na tradição dos sistemas de signos que nascem da mistura entre linguagem verbal e imagem, caracterizando-se, portanto, como uma linguagem híbrida, tanto quanto são híbridos o cinema e a televisão. Esse hibridismo reclama por um tratamento semiótico, uma vez que é na semiótica que podemos encontrar meios para a leitura não só dos diferenciados tipos de signos, mas também dos modos como eles podem se amalgamar na formação de linguagens fronteiriças que se originam da junção entre vários sistemas de signos. Esse é o caso dos vídeos de educação ambiental que estaremos aqui analisando com atenção especial às relações que neles se estabelece entre discurso verbal e imagem. Antes disso, vale a pena recordar alguns dos conceitos que serão aqui utilizados.

Semiótica aplicada

2. Conceitos semióticos básicos

Na definição de Peirce, o signo tem uma natureza triádica, ou seja, ele pode ser analisado:

- em si mesmo, nas suas propriedades internas;
- na sua referência àquilo que ele indica, àquilo que sugere, designa ou representa; e
- nos tipos de interpretação que ele tem o potencial de despertar nos seus usuários.

Assim sendo, nosso percurso analítico ou metodológico pode dar conta das questões relativas às diferentes naturezas que as mensagens podem ter, tais como a natureza da palavra, do som, do vídeo, do filme etc., o que inclui também suas misturas possíveis (palavra e imagem, por exemplo, ou hipermídia). Pode dar conta também dos processos de referência ou aplicabilidade das mensagens, assim como dos modos através dos quais, no papel de receptores, as percebemos, sentimos e entendemos, enfim, como iremos reagir a elas.

Os conceitos semióticos, que virão a seguir, já serão concatenados com os aspectos correspondentes das análises dos vídeos, um recurso metodológico de que farei uso para evitar a separação artificiosa entre a teoria e a aplicação prática que se pode fazer dela.

Recordando o que já foi explicitado nos Capítulos 1 e 2, o signo é qualquer coisa de qualquer espécie que representa uma outra coisa, chamada de objeto do signo, e que produz um efeito interpretativo em uma mente real ou potencial, efeito este que é chamado de interpretante do signo. O objeto do signo também pode ser qualquer coisa de qualquer espécie. Essa coisa, qualquer que seja, está na posição de objeto porque é representada pelo signo. O que define signo, objeto e interpretante, portanto, é a posição lógica que cada um desses três elementos ocupa no processo representativo.

— 140 —

A eloquência das imagens em vídeos...

Uma das mais didáticas definições de signo formuladas por Peirce (apud Houser 2000: xxix) pode nos ajudar a concretizar de modo mais acessível a abstração lógica das relações internas do signo:

"Deixe-nos usar a palavra 'signo' para significar qualquer coisa que, ao ser percebida, leva para uma mente alguma cognição ou pensamento que se aplica a algum objeto. Assim, eu chamaria um retrato um signo. Chamaria um dedo apontado um signo. Chamaria uma sentença um signo. Agora, convido você a fazer uma lista de um bom número de tipos diferentes de signos e a tentar classificá-los de acordo com os seus distintos modos de estar para seus objetos."

Dentre os 35 vídeos, tomemos um deles para exemplificar o conceito de signo. Trata-se do vídeo com o título de *Ar*, produzido, em 1990, pela Fundação para o Desenvolvimento, tendo como público-alvo alunos da rede pública estadual. Esse vídeo é interessante porque encena uma situação semioticamente ilustrativa. Parece óbvio que esse vídeo, como qualquer outro, é um signo. Entretanto, esse vídeo particularmente tem por objeto uma carta que uma jovem vai escrevendo para alguém (não se sabe quem) enquanto o vídeo vai transcorrendo. Tem-se aí, portanto, com muita clareza, um signo dentro de um signo. A carta que a jovem escreve é um signo do desejo que ela tem de denunciar as tristes condições do ar na cidade em que habita. O objeto desse signo-carta não é, portanto, apenas a situação deplorável do ar na cidade, conforme as imagens e a fala, meiga, mansa e triste, em voz *off* da garota vão indicando, mas o objeto está, ao fim e ao cabo, no desejo que essa garota tem de chamar a atenção para as consequências nefastas da poluição sobre o ar que respiramos. O efeito que essa carta está apta a produzir nos espectadores do vídeo é o interpretante do signo-carta, e esta funciona como mediadora entre aquilo que a jovem deseja transmitir a quem a vê e ouve e o efeito que esse desejo produz nos espectadores através da carta. Essa estratégia da

Semiótica aplicada

carta dentro do vídeo ganha em eficácia para o interpretante, na medida em que o desejo de denúncia da jovem tem muito mais apelo para os intérpretes do que teria a simples documentação das impurezas do ar acompanhada de uma fala informativa.

Esse exemplo deixa bem à mostra o fato de que os efeitos interpretativos dependem diretamente do modo como o signo representa seu objeto. Essa questão permite que entremos nos interiores dos vídeos. Para isso, devemos relembrar que, por ser triádico, o signo permite uma abordagem em três faces. A face da relação do signo com aquilo que ele representa, que estaremos aqui chamando de face da referência. A face dos caracteres internos do signo e da maneira decorrente com que ele significa seu referente será aqui chamada de face da significação. Por fim, a face da relação do signo com o interpretante é chamada de face da interpretação. Essas três faces guiarão o caminho a ser seguido pela análise dos vídeos.

3. A face da referência

A face da referência diz respeito à relação do signo com aquilo que ele representa. Essa relação tem dois aspectos: a) O aspecto do referente que se traduz na questão: Qual é o referente do signo? A que o signo se refere? b) O aspecto que diz respeito ao modo como o referente está presente no signo.

3.1 A que os vídeos se referem? Sobre o que eles falam?

Todos os 35 vídeos de nossa amostra versavam sobre educação ambiental. Todos têm, portanto, uma referência última que lhes é comum: a sobrevivência da vida na Terra. Não apenas a sobrevivência da vida humana, como também a sobrevivência do próprio planeta como ser vivo. Sendo educativos, os vídeos colocam ênfa-

A eloquência das imagens em vídeos...

se no comprometimento e na responsabilidade tanto individuais como coletivos a serem voltados para essa causa última. Sendo vídeos produzidos no Brasil, a quase totalidade deles tem o Brasil como referência geoecológica.

Cada vídeo faz um recorte específico nesse campo de referência que é comum a todos. São esses recortes que nos permitem chegar a uma primeira classificação da amostra, de acordo com a área de preservação ecológica que os vídeos abordam. Temos assim:

Oito vídeos sobre a água: *Líquido e certo*; *Tupãciretã: Pantanal ferido*; *Os segredos do Delta*; *Rio Iguaçu, da glória à agonia*; *Rio das Contas: potencialidade e poluição*; *Gregório, o córrego indomado*; *No coração da mata: a água*; *Educação ambiental na escola e na comunidade: Lixo e água*.

Seis vídeos documentários especiais sobre o tema geral da natureza: *Amazônia, os novos guerreiros da floresta*; *A nascente do Amazonas*; *Galápagos, um mundo frágil*; *Paisagem submarina*; *Paisagem brasileira*; *Pedra podre*.

Quatro vídeos sobre lixo e reciclagem: *Lixo*; *O lixo*; *Educação ambiental na escola e na comunidade: Lixo e água*; *Vira-volta*.

Quatro vídeos sobre divulgação de projetos ecológicos e educativos: *Ecomuseu: Colônia de férias*; *Projeto de educação ambiental Pontal Verde*; *Projeto Pepelantus Ecoturismo – Educação ambiental no Parque Nacional da Serra do Cipó*; *Projeto Brejo de Altitudes*.

Três vídeos sobre mata e animais: *Serra da Madureira*; *Os pequenos leões da Mata Atlântica*; *Tom da mata – Mata Atlântica*.

Um vídeo sobre ar e poluição: *Ar*.

Dois vídeos sobre arborização urbana: *Arborização urbana*; *Porto Alegre mais verde*.

Quatro vídeos classificados como "outros" devido à variação temática: *Educação ambiental no ar: saneamento básico*; *Cultivo de*

— 143 —

Semiótica aplicada

plantas medicinais; *Construindo a agroecologia em Santa Catarina*; *A fabulosa história e o urubu eco sábio.*

Essa classificação mais geral ganha em sutileza quando passamos a examiná-la sob o prisma dos procedimentos que os vídeos adotam para apresentar seus referentes.

3.2 Como os referentes estão presentes nos vídeos?

Há três propriedades que permitem que algo, qualquer coisa, possa funcionar como signo: sua qualidade interna, o fato de que esse algo exista no mundo e uma lei de que ele é portador. Dessas três propriedades resultam três modos pelos quais os referentes estão presentes nos vídeos: o modo qualitativo, o modo existencial e o modo genérico.

3.2.1 O modo qualitativo

A qualidade interna de uma linguagem é chamada de qualissigno. Em uma pintura, por exemplo, o qualissigno diz respeito a suas cores, formas, texturas, volumes, equilíbrio e tensão de suas massas, luz e sombra, linhas e movimentos etc. Mesmo em uma pintura figurativa, como a pintura de uma paisagem ou um retrato, a atenção ao qualissigno significa abstrair da figura e daquilo que ela representa apenas seus elementos de qualidade plástica.

Do mesmo modo, nos vídeos que estamos examinando, o aspecto do qualissigno está na qualidade das tomadas, dos enquadramentos, dos pontos de vista, dos movimentos de câmera, no tom do discurso que acompanha a imagem, na qualidade da voz etc., enfim, nos aspectos relativos à mera aparência dos vídeos, no modo como aparecem, nas suas cores, seus movimentos, na duração das cenas, nos cortes, nos contrastes das imagens. Esse aspecto puramente qualitativo de um signo e, no nosso caso, dos vídeos

A eloquência das imagens em vídeos...

é sempre apreendido pelo espectador. Entretanto, na maior parte das vezes, não é apreendido conscientemente, mas de maneira imperceptível. A atenção a esse aspecto é necessária porque pode nos revelar importantes detalhes de feitura dos vídeos, como, por exemplo, tempo das tomadas, tipos de tomadas, integração ou não entre fala e imagem, o tom da fala, o papel da trilha sonora etc.

Tendo isso em vista, pode-se perceber que os vídeos que versam sobre "águas" apresentam sempre imagens panorâmicas com a câmera em movimento explorando a paisagem das águas e da vegetação. As sequências de tomadas e cortes têm uma duração homogênea, fazendo variar a visão da paisagem, com ênfase no brilho da luz sobre o espelho d'água e na exuberância das cores do verde e das formas da vegetação. No caso dos rios, são comuns as tomadas com a câmera viajando na velocidade dos barcos. Esses recursos enchem os olhos do espectador com a impressão de beleza que a natureza exala. Esse tipo de tratamento é contrastado com as tomadas mais lentas, mais paradas, quando se trata de flagrar as marcas de destruição do mundo natural, as cicatrizes provocadas pelas agressões ao meio ambiente.

Nos vídeos que versam sobre matas e animais, fauna e flora na superfície da terra ou no fundo do mar, por outro lado, dominam as tomadas em *close*, quando a câmera penetra na intimidade da vegetação e da vida animal. As faces dos micos, no vídeo sobre *Os pequenos leões da Mata Atlântica*, por exemplo, enchem a tela de ternura.

Também dominam as panorâmicas nas imagens sobre o ar e a poluição, em contraste com o primeiro plano das imagens sobre o lixo, quando o espectador é quase levado para dentro dele, como é o caso do vídeo *O lixo*, produzido pela Prefeitura Municipal de Guarulhos.

As tomadas de beleza natural que as câmeras encenam são sempre acompanhadas de uma trilha sonora que integra o som ao mesmo ritmo das imagens. Isso é nítido nos vídeos documentários especiais – como em *Amazônia, os novos guerreiros da floresta* – e

— 145 —

muito especialmente em *Paisagem brasileira*, uma paisagem sem palavras, hino de amor à vida natural feito de imagens e sons.

Os tipos de tratamento dados à fala variam. Nos vídeos documentários, a fala é sempre em *off* e neutra, tanto na voz masculina como na feminina. Nos vídeos que versam sobre temas de devastação ecológica, os tons das vozes ganham em participação, particularmente quando evocam a necessidade de envolvimento pessoal do receptor, apelando para o seu comprometimento para com a proteção da vida. Esse é, por exemplo, o caso do vídeo *Rio das Contas: potencialidade e poluição*, produzido pelo Grupo Ecológico Rio das Contas (GERC). Há ainda casos em que o tom da voz e a trilha sonora ganham ímpetos de dramaticidade, como, por exemplo, em *Lixo*, produzido pela Fundação para o Desenvolvimento. Muito interessante, no que diz respeito à fala, é o vídeo *Ar*, também da Fundação para o Desenvolvimento, em que a jovem que escreve uma carta sobre os desastres ambientais de sua cidade transmite o conteúdo da carta em voz meiguíssima: um relato meigo de uma denúncia dramática.

3.2.2 O modo existencial

Basta que algo exista no mundo e essa existência lhe dá fundamento para funcionar como signo. Isso acontece porque existir significa estar situado em um determinado universo, do que decorre que qualquer existente é um feixe de determinações que apontam para várias direções do universo de que o existente é parte. Quando o fundamento está no existente, este recebe o nome técnico de sinsigno, isto é, qualquer coisa ou evento que é um signo.

Ora, um existente só o pode ser através das suas qualidades. Por isso mesmo, existentes dão corpo a qualissignos. Onde houver um existente, haverá qualissignos. Cada um dos vídeos da amostra é um sinsigno, um existente com características que lhe são próprias. As características próprias de cada um se constituem nas qualidades

A eloquência das imagens em vídeos...

específicas e peculiares de imagem e de fala que estão nele corporificadas. Esse aspecto sinsígnico nos ajuda a respeitar cada vídeo na sua especificidade, como buscamos evidenciar no item anterior. Sob um certo ângulo, cada vídeo é único e assim deve ser explorado. Se não levamos isso em conta, deixamos de dedicar aos aspectos qualitativos de cada vídeo o tempo de atenção que eles merecem.

Tomado isoladamente, cada um dos vídeos se constitui em um sinsigno, um signo de existência, uma realidade física materializada em uma fita com um certo tempo de duração. Há, desse modo, vídeos curtos, de duração média e vídeos bastante longos. Esse tempo de duração é um dos elementos que vai determinar a situação e as condições de seu uso, pois um vídeo de educação ambiental é parte de um processo educativo. Esse processo educativo é mais complexo, um universo maior do que o vídeo. É nesse universo maior que o uso do vídeo deve ser determinado, pois é só na situação educativa que ele pode adquirir seu significado mais pleno. Um exemplo disso se encontra no vídeo sobre *Saneamento básico*, de *Educação Ambiental no Ar*, produzido pela TV Executiva-MEC. Após a exposição de um vídeo sobre saneamento básico, dentro do vídeo em que a jornalista Leda Nagle entrevista especialistas em educação ambiental, a pergunta da repórter para a entrevistada é dirigida insistentemente para a questão: "Quais usos podem ser feitos desse vídeo na escola?" Eis uma questão crucial quando um vídeo se destina a fins educativos.

3.2.3 O modo genérico

Neste terceiro modo, a chama-se a atenção para o fato de que as coisas existentes acomodam-se em espécies de coisas, em tipos, classes de coisas. Enquanto os existentes são singulares, as classes são gerais. O existente se conforma aos princípios gerais que dão fundamento às classes. Esses princípios gerais são leis que recebem o nome técnico de legissignos. Assim sendo, um legissigno é uma lei

Semiótica aplicada

que é um signo. Todo signo convencional é um legissigno. Uma palavra, uma sentença, um discurso, por exemplo, são legissignos. São também legissignos as notações musicais, os programas (*softwares*) de computadores etc. No caso dos vídeos que estamos analisando, todos eles se enquadram na classe de imagens videográficas e, dentro dessa classe, quase todos se enquadram no gênero informativo e educacional porque se acomodam a certos princípios, regras, enfim leis que delineiam esse gênero. Sem deixarem de se enquadrar nesse gênero, os vídeos apresentam variações bastante nítidas. Isso nos fornece uma malha mais fina de análise que dá acesso a uma segunda classificação dos vídeos em: vídeos documentário, vídeo reportagem, vídeo denúncia, vídeo didático, vídeo de divulgação, vídeo narrativo, vídeo poético e os vídeos de tipo misto.

O vídeos documentário, herdeiro mais legítimo do livro ilustrado do tipo enciclopédico, põe toda a sua ênfase no caráter informativo da mensagem. O discurso verbal, sempre em voz *off*, com mais frequência uma voz masculina, faz amplo uso do recurso dos dados e das estatísticas. As imagens têm uma função demonstrativa tanto para provar que aquilo de que se fala realmente existe, quanto para ilustrar o discurso verbal. Enquadram-se nesse tipo os seguintes vídeos: *Amazônia, os novos guerreiros da floresta*; *Galápagos, um frágil mundo*; *Paisagens submarinas*; *Pedra podre*; *Tom da mata*; *Os pequenos leões da Mata Atlântica*.

O vídeo reportagem é mais leve do que o vídeo documentário porque faz uso de recursos mais variados, especialmente o recurso das entrevistas, do testemunho de habitantes locais. A voz *off*, neutra, é substituída por uma repórter e entrevistadora em cena, mais frequentemente de sexo feminino do que masculino. As relações entre palavra e imagem não são tão homogeneamente complementares quanto no vídeo documentário. Enquadram-se neste tipo os seguintes vídeos: *Cultivo de plantas medicinais*; *Lixo*; *Educação ambiental na escola e na comunidade*: *Lixo e água*; *Líquido e certo*; *O lixo*; *Garagem fechada*.

— 148 —

O vídeo denúncia, na maioria das vezes, apresenta a forma do vídeo reportagem, mas a grande ênfase que coloca nos desastres ecológicos, na devastação do mundo natural e o apelo que dirige à adesão do espectador, na luta pela sobrevivência dos tesouros naturais, enquadra-o neste tipo de vídeo que estamos chamando de denúncia. São eles: *Tupãciretã: Pantanal ferido*; *No coração da mata: a água*; *Serra de Madureira*; *Rio das Contas: potencialidade e poluição*; *Rio Iguaçu*; *Os segredos do Delta*; *Ar*.

O vídeo didático também apresenta semelhanças formais com o vídeo reportagem. Entretanto, seu caráter nitidamente pedagógico, sua busca de transmissão de ensinamentos, coloca-o muito mais perto de uma aula do que de uma reportagem. Nesse tipo está o vídeo *Educação ambiental na escola e na comunidade*: *Lixo e águas*. Tanto esse vídeo tem um caráter dominantemente didático que, nele, a repórter vem fantasiada de professora, a imagem caricata de uma professora. Embora o vídeo *Cultivo de plantas medicinais* seja um vídeo reportagem, ele se apresenta também com um forte teor didático, pois o cultivo ao vivo é transmitido como se fosse uma aula prática.

O vídeo de divulgação visa tornar públicos os projetos bem-sucedidos de proteção e de recuperação do meio ambiente ou de educação para o meio ambiente. São eles: *Construindo agroecologia em Santa Catarina*; *Ecomuseu*: *Colônia de férias*; *Projeto Brejo de Altitudes*; *Projeto de Educação Ambiental Pontal Verde*; Projeto Pepelantus Ecoturismo; *Porto Alegre mais verde*; *Arborização urbana*.

O vídeo narrativo conta uma história. Esse é o caso exemplar do vídeo *A fabulosa história e o urubu eco sábio*. Trata-se aí de uma narrativa fantástica certamente destinada a um público infanto-juvenil. É também o caso de *Gregório, o córrego indomado*.

O vídeo poético, cujo exemplo encontra-se em *Paisagem brasileira*, de Haroldo Palo Jr., está carregado de intenções artísticas. Seus procedimentos de linguagem e os recursos videográficos de que faz uso exaltam, em uma sinfonia visual e sonora, a exuberância das formas em multiluz-cor e dos ritmos vitais da natureza.

Semiótica aplicada

Por fim, os vídeos mistos reúnem características dos outros tipos. É o caso de *Vira-volta*, um vídeo que busca sair dos padrões tanto do documentário como da reportagem, misturando uma série de recursos, desde o narrativo, com cenas da vida cotidiana, o didático, com cenas de uma aula etc.

Muitíssimo interessante pela riqueza de misturas que apresenta é o caso de *A nascente do Amazonas*. Trata-se dominantemente de uma narrativa, com sabor de aventura: a aventura da primeira equipe de TV a alcançar a nascente do rio Amazonas. Essa aventura, entretanto, é mesclada com uma reportagem no Inpe, com um documentário especializado, com a história do rio Amazonas, com a divulgação de vários projetos de reposição florestal, tudo isso entremeado por imagens de transbordante beleza da maior bacia hidrográfica do planeta, até que, por fim, a aventura chega ao seu destino: o espectador é colocado diante da nascente do Amazonas, uma nascente tão frágil quanto um bebê. Depois da longa jornada, a repórter, ofegante pela rarefação do ar nas alturas das montanhas, ao se deparar com a nascente na frente de seus olhos, com emoção discreta e carregada de verdade, chora diante das câmeras. Esse choro imprevisto, espontâneo, singelo e sincero é tão docemente belo quanto a nascente.

4. A face da significação

Os três modos, expostos anteriormente o qualitativo, o existencial e o genérico – que determinam como o objeto do signo pode estar presente no signo –, também vão determinar os aspectos através dos quais o signo pode significar seus objetos ou referentes, a saber, o aspecto icônico, o indicial e o simbólico.

4.1 O aspecto icônico

Quando se leva em consideração apenas o lado qualitativo do signo, isto é, se o considerarmos apenas no seu caráter de qualissigno, colo-

— 150 —

ca-se ênfase apenas na sua qualidade de aparência. Ora, qualidades de aparência podem se assemelhar a quaisquer outras qualidades de aparência. É por isso que, se o signo é, em si mesmo, um qualissigno, na sua relação com o objeto, ele será um ícone. O ícone representa o objeto por meio de qualidades que ele próprio possui, exista ou não o objeto que ele representa. Por não dependerem dos objetos que estão fora deles, os ícones têm alto poder de sugestão, visto que qualquer qualidade tem condições de ser um substituto de qualquer coisa que a ela se assemelhe. Daí que, no universo das qualidades, as semelhanças proliferem.

No caso dos vídeos, embora certamente não lhes faltem qualidades plásticas – elas são até bastante proeminentes em alguns deles –, o paradigma fotográfico em que o vídeo se enquadra torna seu aspecto indicial muito mais protuberante do que o icônico. Quer dizer, os vídeos, tanto quanto as fotografias, de fato, indicam, apontam para os objetos e situações fora deles que estão neles retratados. Assim sendo, os vídeos dirigem a retina mental do espectador para as paisagens, cenas e situações que eles registraram.

Isso não significa, contudo, que o aspecto icônico não esteja também presente nos vídeos. Para apreendê-lo, temos de ficar alertas às semelhanças de qualidades, às isomorfias, semelhanças formais entre o referente retratado e o modo como o vídeo o retrata. Assim, câmeras em movimento para retratar a água que corre são mais eficazes do que câmeras paradas, do mesmo modo que estas são mais eficazes para flagrar o ambiente degradado. Isso parece óbvio. Também relativamente óbvio é o recurso do contraste de imagens: as imagens do transbordamento vital da beleza natural em oposição às imagens desoladoramente estéreis da natureza destruída, como aparecem, por exemplo, em *Rio das Contas* ou em *Rio Iguaçu*. Contraste similar, com apelos caricatos, aparece também na imagem do *heavy* repórter em oposição ao eco repórter do vídeo *Garagem fechada*.

Menos óbvias, entretanto, são as relações icônicas entre música e imagem e entre fala e imagem. Exemplar da iconicidade entre som e imagem é *Paisagem brasileira*, cujas divisões sequenciais, não por acaso, tematizam a música, pois é como música que as imagens se comportam nessa fina orquestração em celebração do esplendor da natureza: *Prelúdio, A maravilhosa sinfonia da vida, Ave Maria*.

Há uma multiplicidade de relações possíveis entre fala e imagem. As principais dentre elas são as relações de complementaridade, dominância, redundância e discrepância. Nos meios impressos, a sincronização entre texto e imagem é impossível pelo simples fato de que o texto corre na leitura, enquanto a imagem não se mexe no papel. Isso traz como consequência uma certa frequência de discrepância e dominância na relação entre texto e imagem impressos.

O cinema e o vídeo significaram um grande salto nas relações espaçotemporais da palavra e da imagem. Com eles, tornou-se possível a simultaneidade na sucessão da fala e da imagem. A imagem passa ao mesmo tempo em que a fala transcorre. Por isso mesmo, na grande maioria dos vídeos analisados, a relação predominante entre fala e imagem é a da complementaridade. A imagem põe diante dos olhos, enquanto a fala apresenta dados e complementa com informações aquilo que a imagem só pode mostrar. Há certamente muitos casos de redundância, assim como falta à quase totalidade dos vídeos a ousadia da experimentação e invenção de novas possibilidades na relação entre fala e imagem.

Por incrível que possa parecer, o vídeo de qualidade mais precária, um vídeo certamente amador, *O lixo*, da Prefeitura Municipal de Guarulhos, acabou sendo o mais icônico dentre todos os vídeos. A sonorização do vídeo é tão ruim que a imagem termina por imperar. A imagem, por sua vez, é tão crua, que termina por ser completamente isomórfica ao objeto que retrata, o lixo. Sem maquiar o referente, sem temer a proximidade dele, a câmera chega tão perto da vida no lixo, penetra com tanta crueza e pro-

A eloquência das imagens em vídeos...

fundidade na miséria daqueles que vivem nele, que o vídeo se torna um documento dos mais eloquentes da verdade nua do lixo.

4.2 O aspecto indicial

Se levarmos em consideração apenas o aspecto de existente de um signo, isto é, se o considerarmos apenas como sinsigno, estaremos pondo ênfase na materialidade do signo que é uma parte do universo a que o signo existencialmente pertence. Isso é o que acontece, por exemplo, com a foto de uma paisagem cujo objeto imediato está no enquadramento e ângulo específicos que aquela foto fez da paisagem. Quer dizer, a imagem que aparece na foto é apenas uma parte de algo maior que a foto não pode abraçar por inteiro.

Desse modo, se o signo é em si mesmo um sinsigno, na relação com o objeto ele será um índice, que é um signo que se refere ao objeto que denota em virtude de ser realmente afetado por esse objeto, do qual o índice é uma parte. No índice, a relação entre signo e objeto é direta, visto que se trata de uma relação entre existentes, singulares, factivos, isto é, conectados por uma ligação de fato.

Nos vídeos, como nas fotografias, o aspecto indicial domina. Os vídeos são, de fato, partes da realidade que retratam. Vem daí por que os vídeos se prestam tão bem à documentação informativa e especialmente à educação ambiental. Aquilo que está neles retratado existe na realidade. A lindíssima plenitude vital da natureza não é uma projeção da imaginação do videasta. Os desastres ecológicos e suas cicatrizes indeléveis, tristíssimas, atrozes, insultantes estão efetivamente lá. Não dá para fingir que se trata apenas de um filme. A imagem grita sua verdade. Foi a isso que decidi chamar de "eloquência das imagens nos vídeos de educação ambiental", que dá título a este capítulo. O real salta para fora dessas imagens e assalta a sensibilidade do espectador.

— 153 —

Semiótica aplicada

4.3 O aspecto simbólico

Se levarmos em conta a propriedade da lei como fundamento do signo, estaremos pondo ênfase nos aspectos culturalmente convencionais do signo. Se, em si mesmo, o signo é um legissigno, na relação com o objeto ele será um símbolo que é um signo que se refere ao objeto que denota em virtude de uma lei, normalmente uma associação de ideias gerais que opera no sentido de fazer com que o símbolo seja interpretado como representando um dado objeto.

Nos vídeos analisados, o aspecto simbólico está principalmente no discurso verbal. É aí que a fala cumpre o seu papel de meio prioritariamente informativo, transmitindo o poder dos números, das estatísticas e fixando valores. O verbal é sumamente necessário em vídeos de teor educativo porque se trata de dissertar e mesmo de construir um argumento sobre o assunto enfocado. Quando se destina a públicos mais jovens para os quais a construção de um argumento é muito abstrata, o vídeo faz uso do discurso narrativo. Neste, o argumento se constrói através de uma história de caráter exemplar que possa servir como lição de vida.

Os valores que se buscam fixar são os valores da vida e de sua preservação, não apenas da vida de cada indivíduo, mas da vida em sentido genérico, naquilo que a constitui, a natureza. Vem daí a repetição insistente de termos como "milagre", "paraíso", "tesouro" com referência à natureza. Também o valor da adesão a uma causa que deve ir além de quaisquer interesses individuais, a causa da vida, conforme será melhor explicitada a seguir.

5. A face da interpretação

Para entendermos a noção de interpretante, isto é, aquilo que o signo produz como efeito em uma mente potencial ou atual, é preciso considerar que o interpretante tem vários níveis de realização: o imediato (primeiridade), o dinâmico (secundidade) e o final (terceiridade).

— 154 —

A eloquência das imagens em vídeos...

5.1 O interpretante imediato

Chama-se de interpretante imediato ao potencial interpretativo do signo, quer dizer, sua interpretabilidade, antes que o signo encontre um intérprete em que esse potencial se efetive. Trata-se de um interpretante em abstrato, ainda não efetivado, sendo, por isso mesmo, interno ao signo.

Nos vídeos sob exame, a determinação do público-alvo é, na realidade, uma expressão do interpretante imediato. O nível de repertório implícito no vídeo já pressupõe sua aplicação para um tipo de público e não outro.

5.2 O interpretante dinâmico

Este segundo nível de interpretante se refere ao efeito efetivamente produzido em um intérprete pelo signo. Esse efeito ou interpretante dinâmico tem também três subníveis. Isso significa que, ao atingir o intérprete, o signo pode produzir três tipos de efeitos: o efeito emocional, o efeito energético e o efeito lógico.

5.2.1 A emoção e os sentimentos

O primeiro efeito de um signo está na qualidade de sentimento que ele pode provocar no intérprete. Dependendo do tipo de signo, esse efeito pode ser perceptível em maior ou menor medida. Nos vídeos analisados, por exemplo, há alguns que estão mais aptos a colocar qualidades de sentimento em primeiro plano do que outros. Esse é o caso, sem dúvida, de *Paisagem brasileira* ou de *A nascente do Amazonas*. Mas aqui não se deve entender "qualidade de sentimento" no sentido de emoções clichês. Trata-se, isto sim, das impressões mais ou menos indefiníveis que sempre acompanham nossos estados psicológicos. Por isso mesmo, qualidades de sentimento são infinitamente variáveis e sempre muito vagas, flutuan-

Semiótica aplicada

tes. Nessa medida, todos os vídeos estão aptos a produzirem qualidades de sentimento específicas de cada um que dependem dos recursos que acionam e do tipo de mensagem que transmitem. Assim, os vídeos de *Educação ambiental na escola e na comunidade: Lixo e água* e *Garagem fechada,* ao usarem o recurso da caricatura visam produzir a qualidade de sentimento de um certo humor para captar o interesse de um público infantojuvenil. Do mesmo modo, o vídeo *Educação ambiental na escola e na comunidade: Lixo e água,* ao utilizar o recurso de um repórter que dá à sua fala o ritmo e entonação do radialista de futebol, certamente visa produzir no receptor um efeito de sentimento análogo às emoções da transmissão de um jogo.

Ao fim e ao cabo, quaisquer vídeos de educação ambiental teriam, ou pelo menos deveriam ter, como objetivo último produzir sentimentos singelos e simples de amor holístico pela vida na Terra, vida que abraça cada indivíduo e o coletivo ao planeta e ao cosmos. Sem esse amor básico, nenhum comprometimento ético e nenhuma lição de moral podem funcionar. Por isso mesmo, a originalíssima estética filosófica, na sua interação indissociável com a ética, desenvolvida por Peirce, cabe com justeza à análise desses vídeos.

Por estética, Peirce não entendia meramente uma doutrina do belo, mas uma ciência que tem por tarefa indagar sobre estados de coisas que são admiráveis por si, sem qualquer razão ulterior. Estados de coisas que, mais cedo ou mais tarde, todos tenderão a concordar que são dignos de admiração. O que é admirável não pode ser determinado de antemão. São metas ou ideais que descobrimos porque nos sentimos atraídos por eles, empenhando-nos na sua realização concreta.

Também para a ética Peirce deu uma interpretação tão original quanto deu para a estética. Costuma-se definir a ética como a doutrina do bem e do mal. Peirce discordou disso. O que constitui a tarefa da ética é justamente justificar as razões pelas quais certo e errado são concepções éticas. Para ele, o problema fundamental da ética está voltado para aquilo que estamos deliberadamente preparados para aceitar como afirmação do que queremos fazer, do que temos em mira, do que buscamos. Para onde a força da nossa vontade deve ser dirigida?

Como responder a essa pergunta? Segundo Peirce, a resposta não pode vir da ética, pois esta não é autossuficiente. É da estética, na sua determinação daquilo que é admirável, que vem a indicação da direção para onde o empenho ético deve se dirigir, daquilo que deve ser buscado como ideal. O fim último da ética reside, portanto, na estética. O ideal é estético, a adoção deliberada do ideal e o empenho para atingi-lo são éticos. A adoção do ideal e o empenho para realizá-lo, sendo deliberados, dão expressão à nossa liberdade no seu mais alto grau (ver Santaella 2000a).

Quando os vídeos de educação ambiental insistem em encher nossos olhos com imagens da força natural da exuberância da vida, assim o fazem não apenas porque a natureza é bela, mas porque ela é por si mesma admirável, sem qualquer razão ulterior. O admirável é o que é, não precisa de explicações. Esse é o sentimento último que os vídeos de educação ambiental, em maior ou menor medida, acabam sempre produzindo, mesmo que não estejamos conscientes disso. O que a cara de um mico-leão, com seus olhos docemente espetados, o que a tinta negra que um polvo solta na corrida para se proteger, o que as gotas de chuva prateada pontilhando as folhagens produzem em nós são, antes de tudo, ternura e desprendimento. Só a ternura na sua aparente fragilidade tem meios para se defrontar com o poder. Quanto mais leve e flexível é o caule de uma planta, menos poder tem o vento para derrubá-la.

Há alguns anos, trabalhando em um projeto que envolvia imagens de sensoriamento remoto, dei-me conta com muita convicção do meigo poder da ternura para a nossa conscientização ecológica. Embora longo, transcreverei a seguir um trecho desse trabalho pelo reforço que ele pode trazer para o meu argumento.

"Quando Gagarin atravessou o céu, navegando longe no espaço desmaterializado, para seu desapontamento, pelo caminho

Semiótica aplicada

não cruzou com deuses, mas foi o primeiro ser terrestre a ter o privilégio de se comover com a imagem do corpo da Terra. Quando os primeiros astronautas desceram na Lua, a coisa mais sensível que trouxeram de volta não foram exemplares de rocha e pó para investigação, mas a imagem invertida do céu, "um céu de outro lugar" (Plaza 1987): projetando-se contra o fundo infinito do cosmos, o corpo impressivo da Terra perfilado no horizonte da Lua.

Hoje, as fotos da Terra, do ponto de vista do espaço, estão em toda parte, usadas e abusadas por quaisquer espécies de propaganda. Em todas elas, no entanto, ainda se mantém intacto e vivo o efeito de ternura comovida que elas nos provocam. Afinal, que lindo planeta azul é este nosso! Azul deve ser o corpo da vida.

A Terra em que pisamos, habitamos, por onde andamos, atravessamos, viajamos, no contato (roçar) com sua superfície, produz uma poderosa sensação de abrigo, segurança, acolhida, tal qual a proteção de um imenso colo de mãe. Não é à toa que a Terra é mãe em oposição ao desconhecido, enigmático e contraditório Céu. Ora é luz, engravidando a Terra de vida, ora é escuro mistério do infinito insondável.

A vista aérea da Terra, por sua vez, ao nos arrancar do contato com a superfície, é, simultaneamente, encantadora e inquietante. Na mudança de escala do olhar, a paisagem da Terra – borbulhante nas formas e cores da natureza e acrescida pelas linhas, vincos, estrias e configurações variadas do fazer humano – transforma-se em uma espécie de planta baixa, chapada, mas, ao mesmo tempo, tátil e multiforme. Deixando o abrigo dos volumes, ganha-se na realização do imemorial sonho de voar e na excitação dos sentidos o que se perde em aconchego.

Nada, no entanto, é comparável à indescritível sensação provocada pelas imagens do corpo terrestre a partir de uma distância cósmica. A bolha de luz azul, flutuando na amplidão negra do firmamento, desloca-se subitamente da posição de mãe para a

A eloquência das imagens em vídeos...

situação de filha. Filha do universo. Quão frágil, surpreenden-
temente, quão tenra e delicada se apresenta a esfera da Terra,
quão fugaz o tempo astronômico do sistema solar, contra o
silêncio desconhecido do infinito. Sob esse prisma, então, além
do alhures, é carinho e ternura, inevitavelmente, que o corpo do
planeta – assim meigamente miúdo e solitário – faz brotar em
nós." (Santaella 2000c: 255-256)

Um tal sentimento de ternura brota porque a vida no planeta,
aparentemente tão poderosa e eterna, revela-se na fragilidade de sua
constituição. Protegê-la, portanto, é um ideal que se prova, antes de
tudo, admirável. É um ideal que, por isso mesmo, atrai-nos, fisga
nossa vontade, conduzindo a direção de nosso empenho ético. Este,
muito justamente, coincide com o segundo nível do interpretante.

5.2.2 A energia da ação

Num segundo nível, o signo pode provocar uma reação ativa no receptor, quando este realiza um certo esforço, que pode ser físico,
mas, muitas vezes, é também um esforço intelectual. Quando se
trata dos vídeos de educação ambiental, este segundo nível da
interpretação tem em mira despertar a responsabilidade ética do
receptor, convocá-lo para a ação. Muitos vídeos terminam verba-
lizando essa necessidade. Entretanto, o mero discurso convocató-
rio tem pouca eficácia se não estiver suportado pela atração que
um ideal admirável, desprendido de quaisquer interesses egoístas,
pode exercer sobre nossa vontade.

5.2.3 O conhecimento e a conscientização

No terceiro nível, o signo é interpretado através de uma regra
interpretativa internalizada pelo receptor. No caso dos vídeos, esse
interpretante se traduz no avanço do conhecimento sobre o meio
ambiente e na conscientização que isso traz para o receptor.

5.3 O interpretante final

Este se refere ao resultado interpretativo ao qual todo intérprete está destinado a chegar se a investigação sobre o signo for levada suficientemente longe. Tendo isso em vista, defendo a tese de que vídeos de educação ambiental devem ser difundidos enfaticamente e circular por toda parte, para serem recebidos pelo maior número de pessoas. Se suficientemente exposto aos efeitos de interpretação que esses vídeos estão aptos a produzir, o receptor será sutilmente atraído pelo empenho solidário para com a vida coletiva.

Enfim, é bem verdade que, da amostra de 35, nem todos os vídeos são de qualidade. Muitos se limitam a seguir um padrão preestabelecido, outros resvalam por mensagens piegas. Há ainda aqueles que não chegam a atingir os propósitos que parecem pretender, enquanto outros aproveitam a oportunidade da produção do vídeo para se autopromover como instituição ou organização.

Entretanto, por pior que seja a qualidade do vídeo (que se tenha em vista a lição que *O lixo* nos deu!), sua importância e relevância se mantêm. Ficarmos expostos às pulsações da Terra viva em oposição às imagens da paisagem degradada pela ignorância, egoísmo, brutalidade e ambição dos seres humanos já contém em si uma eloquência própria e um gérmen educativo que cumpre ser explorado. O vídeo não pode realizar sozinho a tarefa educativa e emancipadora, pois, para isso, ele deve ser contextualizado com sabedoria. Há nesses vídeos, entretanto, um bom começo para a descoberta de que a natureza não é apenas nossa mãe, mas deve ser também nossa filha.

PARTE III

NÍVEL AVANÇADO

11

A fenomenologia e a semiose das instituições

No seu livro, *De l'esprit des lois* (apud Bourricaud 1990: 388), Montesquieu observou que "os homens são regulados por muitas coisas: clima, religião, leis, as máximas dos governantes, os exemplos dos fatos passados, moral e costumes". Embora Montesquieu não estivesse utilizando a palavra "instituição", sua observação pode nos dar uma ideia da riqueza e ambiguidade da noção clássica de instituição. A ideia de instituição se referia então a um conjunto de leis pelas quais uma cidade era regulada, isto é, aos modos através dos quais o poder público e o poder privado estavam divididos, e as sanções e recursos que regulavam seu exercício. Naquele tempo, uma questão se tornou clássica: são essas regras arbitrárias, particulares ou elas são universais, representantes legítimas da ordem natural?

Nos tempos modernos, pelo menos desde a segunda metade do século XIX, não existem mais dúvidas sobre o caráter convencional, arbitrário e histórico das leis institucionais. Mas os tópicos levantados pelo estudo das instituições, acompanhando o crescimento da complexidade das sociedades modernas, também aumentaram sua complexidade.

Semiótica aplicada

1. O estudo das instituições

Antes de receber muitas interpretações diferentes na sociologia contemporânea, o estudo das instituições era uma província bem definida na chamada teoria estrutural-funcional dos sistemas sociais que alcançou uma forma bem organizada no trabalho de Talcott Parsons, *The social system* ([1951] 1970).

A análise de Parsons do sistema social baseia-se em uma moldura de referência da ação. Seu ponto de partida fundamental está no conceito de sistemas sociais de ação, nos quais atores individuais são considerados como objetos sociais e a interação de atores individuais é tratada como um sistema.

> "A ação é um processo no sistema de situação do ator que tem significância motivacional para o ator individual, ou, no caso de uma coletividade, para seus componentes individuais. Isso significa que a orientação dos processos de ação correspondentes tem seus alicerces no alcance de gratificações ou na ausência de privação do ator relevante. [...] Somente na medida em que sua relação com a situação é, nesse sentido, motivacionalmente relevante, ela é considerada como ação em um sentido técnico." (ibidem: 3-5)

Tomando como base esses traços gerais da ação, Parsons discutiu a integração institucional dos elementos da ação. Para ele,

> "um sistema de ação concreta é uma estrutura integrada de elementos de ação em relação a uma situação. Isso significa essencialmente integração de elementos motivacionais e culturais ou simbólicos que se juntam em uma certa espécie de sistema ordenado. Dois aspectos importantes devem ser retidos para se compreender integração institucional: a) é inerente a um sistema de ação que a ação seja normativamente orientada; b) a condição básica na qual um sistema de interação se estabiliza está para o interesse dos atores, que eles este-

— 164 —

A fenomenologia e a semiose das instituições

jam ligados em conformidade com um sistema compartilhado de padrões de orientação de valores. Relativo às ações de uma pluralidade de atores e do ponto de vista de qualquer ator dado no sistema, na medida em que conformidade a um padrão orientado de valores é tanto um modo de preenchimento das disposições do ator e uma condição para otimizar as reações de outros atores significantes, diz-se que um tal padrão é institucionalizado. Um padrão de valor nesse sentido é sempre institucionalizado em um contexto de interação." (ibidem: 36-38)

Do contexto de interação, outro conceito importante de integração institucional de elementos de ação é derivado: o conceito de papel. Há sempre um duplo aspecto no sistema de expectativa: de um lado,

"há as expectativas que concernem e, em parte, estabelecem padrões para o comportamento do ator, ego, que é tomado como o ponto de referência; essas são suas expectativas de papel. De outro lado, de seu ponto de vista, estes são conjuntos de expectativas relativas às reações contingentemente prováveis dos outros, estas serão chamadas de sanções, que, por sua vez, podem ser subdivididas em positivas e negativas dependendo de elas serem sentidas pelo ego como promotoras de gratificação ou não. A relação entre expectativa de papel e sanções é claramente recíproca. O que são sanções para o ego são expectativas de papel para o alter e vice-versa. O papel é, então, o setor de um sistema de orientação total de um ator individual que se organiza sobre expectativas em relação a um contexto de interação particular integrado a um conjunto de padrões de valor particular que governa a interação com um ou mais alters nos papéis complementares apropriados. Neste contexto conceitual, diz-se que uma instituição é um complexo de integração de papéis institucionalizados (a saber, rela-

Semiótica aplicada

ções de *status*) que tem significância estratégica em um dado sistema social." (ibidem: 38-39)

Para completar esse panorama conceitual, é importante distinguir instituição de coletividade. Uma coletividade é um sistema de papéis específicos concretamente interativos. Uma instituição, por outro lado, é um complexo de padrões de elementos em expectativas de papéis que podem se aplicar a um número indefinido de coletividades. Conversivamente, uma coletividade pode ser o foco de toda uma série de instituições (ibidem: 39).

Uma versão mais sintética e simplificada da tradição funcionalista nos estudos sociais declara que o funcionalismo estabelece uma

"distinção básica entre as estruturas e os processos em uma sociedade análogos às estruturas orgânicas e físicas de um organismo e as atividades que eles desempenham. Assim, as instituições sociais são vistas como componentes estruturais de uma sociedade através dos quais atividades sociais se organizam e necessidades sociais são preenchidas. Elas podem tomar a forma de organizações, grupos ou práticas de tipo durável, em relação aos quais há um alto nível de comprometimento social que integra, ordena e estabiliza áreas maiores da vida social, fornecendo procedimentos aprovados e formas para a articulação de relações de interesses." (Wallis 1996: 417-418)

A despeito da coesão intrincada da teoria de Parsons, e de sua influência, durante algum tempo, da tradição funcionalista nos meios sociológicos, houve um declínio na persuasão do poder explanatório do funcionalismo. As razões pelas quais esse sistema envelheceu são muitas. Uma dessas razões está na simplificação dos conceitos psicológicos de Parsons. Eles soam como balbucios infantis quando comparados com as complexidades das descobertas freudianas. Devido a essa superficialidade psicológica, para os funcionalistas, as instituições aparecem como coisas boas, assistindo à sociedade na realização de suas atividades necessárias.

A fenomenologia e a semiose das instituições

Mas tornou-se muito importante examinar os lados obscuros das instituições que estiveram fora da visão do funcionalismo.

"Enquanto a rotina e a previsibilidade, a estabilidade e a persistência são traços sem os quais a vida social seria impossível, [...] as estruturas assim engendradas passam a ter uma vida que lhes é própria; elas se impõem sobre os atores sociais e podem constranger suas escolhas. Uma rotina que já foi auxiliar pode se tornar uma exigência inflexível; um padrão instrumental de ação prévio pode se tornar um formalismo vazio; expressões de sentimento e valor que já foram significativas podem se transformar em dogmas rígidos. Na medida em que se institucionalizam, ideias, ações e relações podem perder seu frescor, sua vitalidade, seu idealismo e serem valoradas simplesmente porque são familiares." (Wallis ibidem: 418)

No seu aspecto sociopsicológico, as instituições correm os mesmos, ou ainda mais sérios, riscos. O século passado nos deu exemplos suficientes de instituições cuja imposição rotineira de sanções se transformou nos atos de violência mais dramáticos.

Outras razões para o crepúsculo do funcionalismo podem ser encontradas na complexidade da rede de trocas institucionais, na velocidade das mudanças institucionais, no ritmo imprevisível pelos quais novas instituições nascem e velhas desaparecem nas sociedades contemporâneas. Todos esses fatores trazem consigo mudanças básicas nos modos de conceber as próprias instituições. A ênfase que era anteriormente dada às estruturas é dada agora aos processos.

"De fato, tornou-se cada vez mais claro que as instituições estão sempre no curso de formação, negociações e declínio, e que esse processo é em si mesmo da maior significância como um foco de análise. Sob esse novo ponto de vista, as instituições podem ser simplesmente padrões de comportamento que persistem e se cristalizam no curso do tempo e aos quais as pessoas se ligam como um resultado de seu papel na formação

Semiótica aplicada

da identidade, ou através de investimentos de energia ou interesses sociais. Assim, as atividades sociais ou padrões de comportamento são mais ou menos institucionalizados, isto é, envolvem graus maiores ou menores de formalização, infusão de valor e ligação emocional e, portanto, de resistência à mudança e orientação para a sua sobrevivência." (Wallis ibidem: 417-418)

Assim, em vez de se falar de instituições como entidades dadas, constantes e autocontidas, tornou-se mais instigante falar sobre processos de institucionalização e olhar para eles como processos de cristalização contínua de diferentes tipos de normas, organizações e molduras que regulam os processos de trocas sociais. A institucionalização como um processo é entendida, em grande medida, no seu aspecto desafiador de inovação de várias normas institucionais e molduras organizacionais, um processo de estabelecimento, para além de cernes estruturais e conjuntos organizacionais preexistentes, de novos tipos de molduras (Eisenstadt 1968: 409-421).

Os estudos das instituições são um campo maior nas ciências sociais e as pesquisas se distribuem nas esferas institucionais, tais como a esfera da família e amizade, as esferas econômica, política e cultural, a esfera da estratificação e sua interdependência de pesquisas sobre recursos institucionais, da interação institucional e normas, mídias e canais para suas trocas até a comparação de variações institucionais nas culturas de diferentes países.

Entretanto, o mapeamento de pesquisa sobre instituições em sociologia não é o objetivo deste capítulo. Ao contrário, meu alvo é discutir o conceito de instituição à luz da fenomenologia e da semiótica de Peirce, com ênfase na categoria da terceiridade, que é a categoria do signo, no contexto das três categorias.

A fenomenologia e a semiose das instituições

2. Instituições à luz das categorias fenomenológicas

Peirce levou exatamente 30 anos, de 1867 a 1897, para completar sua teoria das categorias. Estas foram originalmente elaboradas em 1867, no artigo "Sobre uma nova lista das categorias" (CP 1.545-1.559, também publicado em W2 49-59 e em Peirce 1.992: 2-10). Mas foi apenas em 1897 que Peirce adicionou o possível como um modo de ser e, ao fazer isso, abandonou sua teoria probabilística das frequências, inspirada em Mill, quando seu esquema das categorias ficou fundamentalmente completo (Houser et al. 1992: xxvi). Foi só em 1902 que Peirce adotou suas categorias, então chamadas categorias faneroscópicas, como uma base geral para toda a sua doutrina lógica.

Como foi afirmado em 1902 (L 75: B 8), há três pontos de vista a partir dos quais as categorias podem ser claramente apreendidas. Eles são os pontos de vista: a) das qualidades, b) dos objetos e c) da mente. Do ponto de vista ontológico das qualidades, a saber, do ponto de vista da primeiridade, as categorias aparecem como: a.1) qualidade ou primeiridade, isto é, o ser da possibilidade qualitativa positiva; a.2) reação ou secundidade, a ação de fatos atuais; a.3) mediação ou terceiridade, o ser da lei que governará fatos no futuro (CP 1.23). Do ponto de vista dos objetos ou secundidade, a saber, do ponto de vista do existente, elas são: b.1) qualia, isto é, fatos de primeiridade; b.2) relações ou fatos de secundidade; b.3) representação, isto é, signos ou fatos de terceiridade. Do ponto de vista da mente ou terceiridade, elas são: c.1) sentimento ou consciência imediata, isto é, signos de primeiridade; c.2) sensação de um fato, isto é, senso de ação e reação, ou signos de secundidade; c.3) concepção ou mente em si mesma, quer dizer, sentido de aprendizagem, ou mediação (cf. também Santaella 2001b: 35).

Embora as categorias sejam onipresentes e não possam ser claramente separadas em qualquer fenômeno dado, há sempre a predominância de uma sobre as outras duas, e essa predominância pode ser percebida quando o fenômeno está sob análise. Isso se

— 169 —

Semiótica aplicada

torna muito claro quando temos diante de nós um fenômeno como as instituições. Para esclarecer essa afirmação, tomemos uma descrição dos traços que são comuns, quer dizer, os traços que estão sempre presentes no conceito de instituição. Toda instituição é uma forma de organização social própria de todas as sociedades. Os padrões de comportamento regulados pelas instituições (que são institucionalizados) lidam com alguns problemas básicos e perenes de qualquer sociedade. As instituições envolvem o regulamento do comportamento dos indivíduos na sociedade de acordo com alguns padrões definidos, contínuos e organizados. Esses padrões envolvem um ordenamento e regulamento definidos e normativos: isto é, o regulamento é mantido por normas e sanções que são legitimadas por essas normas (Eisenstadt 1968: 409).

Em todos os seus aspectos, as instituições são predominantemente fenômenos de terceiridade. Do ponto de vista ontológico das categorias, a saber, do ponto de vista da primeiridade ou qualidade, as instituições têm o caráter de leis que governam fatos no futuro. O que são leis para Peirce? São princípios gerais aos quais eventos reais verdadeiramente se conformam. Pelo termo "conformam", neste contexto, devemos entender que, se a experiência demonstra que um princípio geral se aplica a um dado evento, então o resultado será confirmado pela experiência. Assim, as leis não são redutíveis a uma uniformidade mecânica entre duas coisas, mas são, isto sim, uma influência no curso do desenvolvimento dos eventos no mundo natural, social e psicológico. As leis determinam que resultados irão advir entre muitos outros possíveis (NEM 4: 251-2). No mundo psicossocial das instituições, uma tal concepção de lei corresponde ao aspecto de regulamento e ordenamento normativo das instituições. Elas são sistemas de papéis sociais e normas que regulam o comportamento em padrões organizados.

Do ponto de vista dos objetos ou secundidade, que é o ponto de vista do existente, todas as instituições existem como representações, isto é, como um lugar de convergência de problemas e in-

A fenomenologia e a semiose das instituições

teresses de preocupação social e não individual. Como tal, toda instituição funciona para cada indivíduo como uma representante legítima dos interesses coletivos com os quais o indivíduo está comprometido. Externamente, uma instituição funciona como uma entidade que representa, para toda a sociedade, os interesses que ela defende, tais como religiosos, educacionais, políticos etc.

Do ponto de vista da mente ou terceiridade, instituições são mediações, signos abstratos do tipo do pensamento. E pensamento deve ser entendido aqui como ideias gerais sobre uma dada instituição que estão internalizadas na mente de seus membros. Sem ideias gerais compartilhadas, os membros de uma instituição não perseguiriam objetivos comuns. Os pensamentos abstratos, que permitem que um grupo de membros institucionais se torne uma unidade coesa, são responsáveis pela continuidade e permanência de valores, sem os quais uma instituição estaria fadada à morte.

Outro aspecto importante concernente às categorias peirceanas está no fato de que a eventual predominância de uma categoria sobre as outras, de fato, significa apenas predominância, pois as outras continuam presentes em todos os fenômenos, especialmente quando a predominância diz respeito à terceiridade. Neste caso, os aspectos de secundidade e primeiridade estão sempre contidos dentro da terceiridade. Assim, a existência real, diária de uma instituição em uma dada sociedade, sua interação e intercâmbios com outras instituições são aspectos de secundidade, como são, sob o ponto de vista dos membros de uma instituição, o investimento de energia, o esforço em favor da instituição, a intensidade de comprometimento que eles têm para com ela.

Aspectos de primeiridade podem ser percebidos naquilo que metaforicamente é chamado de imagem social de uma instituição, sua qualidade e valor peculiares. Do ponto de vista de seus membros, a primeiridade se encontra na ligação emocional e, ainda mais indefinido do que isso, no sentimento de identificação de seus membros aos ideais de uma instituição sem o que as instituições não poderiam se preservar.

As gradações de primeiridade e secundidade dentro da terceiridade também podem nos guiar no entendimento de algumas distinções sutis tais como aquelas que se estabelecem entre instituições e associações, e também entre estas últimas e as relações e trocas informais interpessoais. Enquanto uma instituição, com suas formas e procedimentos estabelecidos para a atividade de grupos é mais genuinamente terceira, uma associação, que é um grupo organizado para perseguir interesses comuns está mais submetida aos aspectos contingenciais da secundidade. Embora as relações interpessoais sejam também reguladas por convenções culturais, os aspectos de primeiridade, tais como afeição, estima, simpatia, ódio, medo, amor, desejo e amizade nelas desempenham um papel importante.

3. Da fenomenologia para a semiótica

O tópico mais importante relativo às categorias de Peirce, entretanto, está na universalidade delas, isto é, elas estão presentes em qualquer fenômeno de qualquer espécie. Os conceitos categoriais são muito gerais e abstratos. Como tais, eles são poderosos como meios de descrição, mas frágeis como meios de análise. Peirce, ele mesmo, afirmou que suas categorias sugerem um modo de pensar. Isso é tudo que elas pretendem fazer (CP 1.351). Em uma outra passagem, ele continuou a mesma ideia, dizendo que "talvez não seria certo chamar as categorias de conceitos; elas são tão intangíveis que são mais tons ou matizes de concepções" (CP 1.353). Essa é a razão por que a faneroscopia é uma quase ciência, apenas a porta de entrada da sua arquitetura filosófica. Embora as categorias sejam um ponto de partida necessário para a análise de um dado fenômeno, as ferramentas realmente analíticas não vêm da fenomenologia, mas dos conceitos semióticos.

A fenomenologia e a semiose das instituições

Neste ponto, deveria ser mencionado que, a despeito de sua autonomia e especificidade, a fenomenologia e a semiótica não estão separadas, mas, ao contrário, firmemente atadas. A fenomenologia descreve os fenômenos tal como eles aparecem. Os resultados dessa descrição são as categorias universais e formais. Bem, a terceira categoria corresponde exatamente à noção de signo. Ela é o signo. Assim, a semiótica nasce no coração da fenomenologia. Mais importante do que isso, conforme já foi visto no Capítulo 1, é o fato de que Peirce levou a noção de signo muito longe, ele a estendeu até o ponto em que, para funcionar como signo, algo não precisa ser inerentemente triádico. Uma ação diádica ou reação pode funcionar como signo tão logo ela encontre um intérprete. Mesmo um simples sentimento monádico pode funcionar como signo tão logo ele seja comparado a alguma outra coisa, um outro sentimento, por exemplo. Essa extensão da noção de signo, em um movimento de retroação, reintroduz a fenomenologia dentro da semiótica. Não apenas a terceira categoria é semiótica, mas a segunda e a primeira são degeneradamente semióticas. É por isso que não faz sentido, do ponto de vista da semiótica fenomenológica de Peirce, separar o mundo em dois reinos distintos: o mundo semiótico, de um lado, e o não semiótico, de outro.

Em síntese, quando chegamos na semiótica, estamos usando a mesma base categorial da fenomenologia. A diferença entre ambas advém do fato de que os conceitos semióticos, por resultarem da análise lógica mais minuciosa, são conjuntos interconectados de ideias finamente distintas que funcionam como poderosas ferramentas para o estudo de qualquer fenômeno como signo. Isso significa que a descrição acima das instituições como fenômenos de terceiridade, sem perder seu caráter básico, pode ser muito mais detalhada quando aplicamos os conceitos semióticos.

Realizar uma análise semiótica pormenorizada das instituições seria uma longa tarefa. Assim, a seguir, vou me limitar a apresentar brevemente o que deveria ser o itinerário para um estudo semiótico mais longo e preciso das instituições, ou mais especifi-

— 173 —

Semiótica aplicada

camente, para um estudo semiótico do conceito de instituição, uma vez que o itinerário para o estudo semiótico das instituições como entidades historicamente existentes deveria ser diferente tanto quanto deveria ser diferente o estudo semiótico dos processos psicológicos de identificação dos indivíduos com as instituições. Quer dizer, cada um desses estudos deveria seguir um percurso semiótico distinto que respeite a especificidade de cada recorte determinado. A seguir, portanto, apresentarei apenas o itinerário para o estudo do conceito de instituição.

4. Por uma semiose do conceito de instituição

Se considerarmos que a forma mais simples de terceiridade é a forma do signo, se também considerarmos minha descrição das instituições como fenômenos de terceiridade, o primeiro passo para o estudo semiótico das instituições está na aplicação da definição de signo para a análise do conceito de instituição.

Tomemos, por exemplo, o conceito de Malinowski de "uma instituição como um grupo de pessoas unidas por um propósito, com um sistema de organização social, uma cultura material e um sistema de ideias para levar esse propósito à frente" (apud *The New Encyclopedia Britannica:* 371). As similaridades dessa definição com os caracteres lógicos do signo são imediatamente evidentes. A característica mais geral de todo signo é a de ser uma atividade direcionada para um fim, atividade guiada por um propósito, pois o propósito de todo signo é ser interpretado em um outro signo, e assim indefinidamente. A fonte desse propósito está no objeto do signo e o signo está destinado a ser interpretado porque ele é uma emanação do objeto que determina o signo e que o signo representa.

Assim, o propósito que une um grupo de pessoas em torno de uma instituição é o objeto do signo-instituição. Esse signo representa esse propósito, seu objeto, através de um sistema de normas. Esse sistema de normas é o legissigno que regula os padrões de com-

— 174 —

A fenomenologia e a semiose das instituições

portamento dos indivíduos pertencentes a uma instituição. O comportamento em si dos indivíduos funciona como aplicações ou sinsignos das leis instituídas.

O segundo passo para um estudo peirceano das instituições deve se dirigir para o exame das instituições à luz dos elementos específicos da definição de signo, a saber, os dois tipos de objetos e os três tipos de interpretantes.

Se o objeto imediato é o modo como o objeto dinâmico está representado no signo, no caso das instituições, o objeto imediato diz respeito à maneira pela qual o sistema de normas que rege o funcionamento social das instituições é capaz de representar os propósitos que guiam os membros de uma instituição.

Todavia, mesmo sendo dominantemente um fenômeno de terceiridade, como quaisquer outros signos, instituições não apresentam apenas aspectos simbólicos, mas também indiciais e icônicos, quer dizer, aspectos sígnicos de secundidade e primeiridade, respectivamente. Os aspectos indiciais estão na função social da instituição, no recorte que ela faz do contexto social: um recorte que pode ser prioritariamente educacional, ou religioso, ou político, por exemplo. Delineiam-se nesses recortes as maneiras pelas quais cada instituição indica o contexto no qual se insere.

Aspectos icônicos dizem respeito à imagem através da qual uma instituição aparece socialmente, aos valores que defende, ao prestígio de que goza, tudo isso relacionado à qualidade *sui generis* de cada instituição.

Por serem dominantemente legissignos simbólicos, a natureza dos interpretantes que as instituições podem produzir é argumentativa. Por isso mesmo, instituições produzem discursos que lhes são próprios, discursos através dos quais elas são interpretadas. Mas nos seus aspectos indiciais e icônicos, instituições produzem interpretantes dicentes e remáticos, respectivamente.

É no nível indicial que são examinados os interpretantes efetivos que as instituições estão destinadas a produzir. Sob esse aspec-

— 175 —

Semiótica aplicada

to deixamos o reino da terceiridade simbólica para penetrar no universo das instituições como fenômenos vivos, tal como existem, como estão corporificadas em termos históricos, econômicos, políticos e culturais. Os efeitos interpretativos dicentes dizem respeito aos comportamentos assumidos pelos membros de uma instituição. Nesse nível, o interpretante se realiza como ação concreta, na conduta padronizada de seus membros.

No nível icônico, instituições produzem interpretantes emocionais que se expressam no engajamento afetivo de seus membros, na projeção identificatória de seus membros com os ideais e valores que a instituição prega.

Mais acima neste capítulo, chegamos a identificar dois conceitos contrastantes de instituição. O primeiro conceito coloca ênfase no caráter estrutural, estabilizante das instituições. O segundo, na ideia de processo e inovação. Do que foi dito até agora, pode parecer que a terceiridade peirceana só pode lidar com o primeiro conceito. Entretanto, se estivermos alertas à compreensão original que Peirce tinha de lei como uma força viva conectada à ideia do interpretante último como mudança de hábito, encontraremos aí os elementos que precisamos para compreender as instituições como processos vivos que, como todas as coisas vivas, nascem, crescem, envelhecem e morrem.

— 176 —

12

Por uma semiótica das emoções: Medeia e o paroxismo da raiva feminina

A versão original da análise que aqui se segue foi feita no contexto de um colóquio que aconteceu, em 1995, por ocasião dos cursos de semiótica que se realizam todos os verões na Universidade de Urbino, Itália. Esse colóquio, organizado por Dines Johansen e Jean Umiker-Sebeok, versou sobre a semiótica dos sete pecados capitais. Cada um desses pecados foi analisado sob o ponto de vista de uma semioticista e de um semioticista, num total de 14 palestrantes, especialmente convidados de várias partes do mundo para realizar essa tarefa.

Por opção, a mim coube a análise do pecado da raiva. Escolhi como paradigmática da raiva feminina a figura de Medeia e realizei a análise do pecado encarnado nessa personagem através de um percurso ditado pela semiótica peirceana.

1. A raiva como emoção complexa

Entre os sete pecados capitais – raiva, avareza, inveja, gula, luxúria, orgulho e preguiça – a raiva é o único pecado que pode ser caracterizado como uma emoção. Embora os outros pecados possam, sem dúvida, provocar diferentes espécies de emoção, apenas

Semiótica aplicada

a raiva é uma emoção em si mesma. Na sua análise do conceito de raiva, Lakoff e Kövecses (1983), Kövecses (1986) e Lakoff (1987) não hesitaram em incluir a raiva no domínio das emoções.

De acordo com Savan (1981: 325), que reconstruiu os fragmentos da teoria peirceana da emoção:

> "Peirce considerou que uma emoção começa com uma situação de confusão e desordem inesperadas. Ficamos perturbados com as causas de alguma situação nova, e alertas ao fato de que nosso controle normal sobre os fatos se rompeu. O futuro, de repente, se torna incerto. Nossa segurança usual perdeu seu suporte. Somos colhidos em correntes cruzadas de propósitos e sentimentos conflitantes. Nessa situação caótica, o interpretante imediato introduz a emoção como uma hipótese simplificadora."

A definição peirceana da emoção é claramente aplicável ao domínio da raiva, e a raiva é certamente uma emoção complexa. Greimas (1983: 225), por exemplo, a descreveu como uma paixão complexa distinta de uma paixão simples tal como a avareza, que Greimas e Fontanille (1991) descreveram como uma paixão objetal e, em função disso, como uma paixão simples.

Em contraste com Peirce que, de acordo com a citação acima, enfatizou o aspecto dos puros sentimentos no domínio das emoções, Lakoff e os psicólogos cognitivos do nosso tempo argumentam sobre a necessidade de considerar a base conceitual das emoções humanas. Lakoff (1987: 377) diz o seguinte:

> "As emoções são sempre vistas como sentimentos esvaziados de qualquer conteúdo conceitual. Mas além de sentir o que sentimos, nós impomos um entendimento sobre aquilo que sentimos. Quando agimos sobre nossas emoções, nós agimos não só na base do sentimento, mas também na base desse entendimento. Conceitos emocionais são assim muito claramente exemplos de conceitos que são abstratos e, não obstante, têm uma óbvia base na experiência corporal."

Com base nisso, Lakoff escolheu a raiva como um exemplo particularmente rico de um conceito emocional com uma estrutura cognitiva e conceitual muito elaborada.

"A emoção é um conceito *fuzzy*. Ele notoriamente escapa da definição aristotélica no que diz respeito a traços distintivos e necessários que permitam uma distinção precisa entre palavras emotivas e não emotivas" (Nöth 1992: 72). Se isso é verdadeiro para qualquer emoção, algumas complexidades adicionais devem ser consideradas para o caso da raiva.

Há várias formas de raiva (Schimmel 1992: 83). Há também graus de raiva (Lakoff 1987: 377), tal como a escala que vai da fúria para a indignacão, ira, raiva e ressentimento, variando da raiva fria à indignação justa... Finalmente, a raiva também resulta de um composto de muitos ingredientes, tais como a agressão, hostilidade, animosidade, ódio, revolta, violência etc., em uma mistura de dor perante a injúria com prazer diante da expectativa de uma vingança...

Podemos ainda distinguir entre uma variedade de modos nos quais a raiva encontra expressão, tais como raiva neurológica, raiva controlada, raiva reprimida (comumente disfarçada sob a forma de depressão), raiva inconsciente, disfarçada sob a forma da culpa, e, finalmente, seus dois modos mais comuns de expressão: raiva explosiva, quando predominam atividades físicas, e vingança, quando a raiva fica sob o domínio de uma atividade mental. A raiva, como foi mostrado pela psicologia cognitiva (Schimmel 1992: 87), não é apenas uma emoção complexa e forte, mas inclui também ações e pensamentos.

2. A raiva como um pecado capital

Na multidimensionalidade que lhe é própria, como podemos encontrar um modo de esclarecer as complexidades da raiva para entendê-la como um pecado capital? A meu ver, um bom caminho

Semiótica aplicada

para esse esclarecimento está na divisão triádica peirceana das emoções sob os seguintes aspectos:

- as emoções naturais, instintivas;
- as emoções morais;
- os sentimentos lógicos (Savan 1981: 330-331).

As emoções naturais foram associadas aos instintos fundamentais da alimentação e cria (CP 1.118) que incluem nossos medos, raivas e revoltas naturais, assim como a alegria no contato corporal cálido e o lamento diante da perda. Essas emoções constituem o domínio biológico desse campo de estudo. Elas são naturais ou instintivas porque encontram seus objetos sem necessitar de aprendizado ou condicionamento.

A segunda classe de emoções não é adquirida através do instinto, como é o caso da primeira, mas através da experiência social da vida moral. Este domínio tem a ver com a base cognitiva da expressão da emoção. O contraste entre esses dois tipos de emoção pode ser exemplificado pelos pares que distinguem as emoções naturais das emoções morais, tais como: raiva *versus* indignação, irritação *versus* ressentimento, afeição *versus* benevolência, desgosto *versus* desprezo, medo *versus* culpa, alegria *versus* orgulho. Em cada um desses pares, o segundo inclui uma norma moral.

A terceira classe de emoções é chamada de "sentimentos lógicos" porque essas emoções constituem sistemas ordenados e duráveis ligados quer a uma pessoa, quer a uma instituição. De acordo com a síntese de Savan (1981: 331),

> "o amor é o exemplo privilegiado de um sentimento. Aquele que ama ficará alegre, mas também triste, zangado e ciumento, e também amedrontado e descuidado. Entretanto, alegria e tristeza, ciúme e descuido, raiva e medo ficam todos unidos em um único sentimento de amor."

Para Peirce, sentimentos são modos lógicos de fixar emoções. Na introdução anterior, chamei esse tipo de emoção de "emoção complexa".

À luz da classificação triádica de Peirce, a raiva tem, sem nenhuma dúvida, sua base na emoção natural e instintiva, um tipo de emoção que os seres humanos compartilham com os animais, dos répteis aos golfinhos. Entretanto, a raiva pode também aparecer no segundo e no terceiro tipos. Nesses casos, a raiva é transformada por valores éticos e lógicos.

Se a raiva é natural e instintiva, quando é que essa emoção se torna um pecado? Essa questão parece mais relevante quando consideramos o fato de que, entre os sete pecados capitais, a raiva é a única que pode estar misturada com um valor moral positivo, a saber, o valor da justiça. Quando a raiva emerge contra o mal e a favor da justiça, ela é moralmente avaliada como correta. "A raiva contra o pecado é uma ambição sagrada", exclamou, por exemplo, o moralista anglicano Jeremy Taylor (cf. Schimmel 1992: 89).

Muito tempo antes da teologia moral católica levar em consideração o valor moral da raiva, através da qual a raiva se converte em caridade e dever, Aristóteles, na sua *Ética de Nicômaco* (cf. Schimmel 1992), afirmou:

> "uma pessoa é louvada quando ela sente raiva por razões corretas, contra a pessoa certa, e também da maneira correta, no tempo certo e pelo período de tempo certo... Só uma natureza escravizada se submete ao insulto ou permite que um amigo seja insultado sem resistir."

De fato, não apenas entre os moralistas, mas também entre os educadores, podem ser encontradas descrições da raiva com atributos tais como apropriada, louvável, razoável etc.

Entretanto, além do lado positivo da raiva, há, sobretudo, seu lado negativo que a qualifica como um pecado capital e mortal. Além disso, entre as formas moralmente aceitáveis da raiva e a raiva como um pecado, há também as formas comuns e ocasionais da raiva, que

Semiótica aplicada

se constituem em pecados corriqueiros a serem perdoados. A raiva se torna um pecado quando ela vira um vício, e se torna um pecado mortal quando se transforma em ira mortal. O lado imperdoável da raiva é selvagem, bestial, amedrontador, destrutivo e, consequentemente, um pecado mortal a ser punido pelo fogo do inferno.

Nessa medida, um dos melhores modos de se entender a raiva como um pecado é olhar para ela através do espelho de seus antídotos: perdão, piedade, caridade, pena. À luz dessas virtudes, a raiva aparece como um pecado grave, porque ela é um obstáculo maior contra a busca mística da comunhão com o divino. Apenas a prática das virtudes acima é capaz de funcionar como uma arma confiável na batalha contra a raiva. Em detalhe, essas armas são o amor, humildade, paciência, tolerância, compaixão, empatia, aversão à crueldade, benevolência e, por fim, a tranquilidade doméstica.

Os moralistas também nos dizem que a alegria e o humor são meios infalíveis de minimizar os efeitos da raiva. Sêneca, por exemplo, recomendava que pessoas de temperamento explosivo, deveriam ouvir música leve e suave. Um dos objetivos da terapia da raiva proposta por Sêneca e Plutarco era ensinar a vítima potencial da raiva a associar essa emoção com imagens, pensamentos e sentimentos muito aversivos. "Devemos estar vividamente atentos ao fato de que pessoas raivosas são, na realidade, bestiais, loucas, impotentes e ridículas" (Schimmel 1992: 94-95).

3. A estrutura sígnica da raiva

Diferente, mas não incompatível com o ponto de vista do moralista e do educador, este capítulo tem um objetivo semiótico. O estudo da raiva não deveria se limitar à visão dessa emoção como um pecado, mas deveria contribuir para a compreensão desse pecado no seu funcionamento de signo. Em outras palavras: qual é a semiose específica da raiva como um pecado? Além disso, minha

Por uma semiótica das emoções...

perspectiva não é a de uma analista neutra, mas a de uma mulher semioticista. Um dos exemplos mais impressionantes, se não o mais impressionante, da raiva na literatura de todos os tempos está encarnado em uma mulher: Medeia. Por que esta corporificação prototípica da raiva aparece em uma fêmea? Será que o clímax da ira se expressa no ódio e raiva de uma mulher desprezada e abandonada?

É curioso notar aqui que as três fúrias (*Erinyes*), na mitologia grega – Alecto, ou a raiva que persevera, Tisiphone, ou a vingadora sangrenta, e Megera, a ciumenta –, essas deidades que habitam no submundo e retornam à Terra para reforçar as pragas e punir atos antissociais, essas encarnações da justiça impessoal, são todas as três mulheres, mormente na forma de sérias virgens aladas e vestidas como caçadoras, com chicotes, foices e tochas (Leach 1972: 347).

De um ponto de vista feminino, meu propósito é analisar a raiva como um pecado à luz da teoria peirceana da emoção, tal como essa teoria foi reconstruída por Savan com algumas modificações de minha autoria. A análise será ilustrada com o exemplo da Medeia como o paroxismo da raiva feminina, o paradigma da raiva na sua forma mais maléfica da vingança permeada com os venenos de uma crueldade inumana.

Aplicando a classificação de dez faces da teoria madura de Peirce sobre os signos às passagens fragmentárias e espalhadas sobre emoção que podem ser encontradas nos escritos de Peirce, Savan (1981) foi capaz de juntar os *disjecta membra*, formando uma teoria coerente, compreensiva, estimulante e provocativa da emoção, cuja principal característica é aquela de explorar um ponto de vista cognitivista. "A estrutura semiótica na qual essa teoria está baseada dá a ela uma compreensibilidade que outras teorias cognitivistas, com exceção da spinoziana, não têm" (Savan 1981: 320).

Antes de tudo, "Peirce argumentou que as emoções não podem ser qualidades de sentimento imediatas. Um sentimento imediato,

— 183 —

Semiótica aplicada

que não é mediado por um conceito, deve ser considerado em si mesmo, como *sui generis*" (Savan 1981: 321). É possível ter indicações dos objetos que determinam, evocam ou diferenciam emoções específicas, mas dos sentimentos imediatos nada pode ser predicado. Sendo imediatos, todos os sentimentos se assemelham. Nesse nível, não podemos distinguir irritação de alegria. Assim sendo, sentimentos imediatos não podem ser emoções, e emoções não podem ser eventos de sentimento ou ocorrências de sentimento. Savan (1981: 321) elucidou essa distinção como se segue:

> "Um evento mental existe em um determinado período de tempo. Quando esse período termina, o evento passou. Um evento idêntico não se repete. Mas as emoções, elas sim, se repetem. Minha indignação contra a tortura é a mesma hoje como ela foi ontem. Para comparar duas ocorrências temporalmente distintas, elas devem ser colocadas juntas, lado a lado, e isso só pode acontecer se as duas ocorrências são representadas. Uma emoção e, então, um *representamen*, um signo."

Para ilustrar esse argumento, Savan (1981: 321) deu o exemplo de uma pessoa no estertor de uma raiva extrema:

> "Aqui poderia parecer que o sentimento intenso imediato é a emoção da raiva, mas é uma característica das paixões intensas que, quando estamos no seu ápice, estamos no mínimo de consciência sobre nossos sentimentos."

Ficamos tomados, absorvidos no sentimento, e "é apenas depois que a primeira onda passou que nos tornamos capazes de refletir sobre nossos sentimentos e identificá-los". Assim sendo, os sentimentos imediatos não são signos da emoção. É a emoção que é um signo dos sentimentos. Além disso, Peirce também argumentou que toda emoção é atribuída como um predicado de algum sujeito:

> "Toda emoção tem um sujeito. Se um homem está com raiva, ele está dizendo a si mesmo que isto ou aquilo é vil e escan-

— 184 —

Por uma semiótica das emoções...

daloso. Se ele está alegre, está dizendo 'isto é delicioso'. Se está pensativo, está dizendo 'isto é estranho'. Em suma, quando alguém sente, esse alguém está pensando em *algo*. Mesmo aquelas paixões que não têm objeto definido – como a melancolia – só vêm à consciência ao dar cor aos *objetos do pensamento*. Aquilo que nos faz olhar para as emoções mais como afeições do eu do que como outras cognições, é o fato de que as consideramos mais dependentes de nossa situação acidental no momento do que outras cognições; mas isso só quer dizer que elas são cognições muito estreitas para serem úteis. As emoções, e isso pode ser demonstrado por uma pequena observação, surgem quando nossa atenção se volta fortemente para circunstâncias complexas e inconcebíveis. O medo surge quando não podemos antecipar nosso destino; a alegria no caso de certas sensações indescritíveis e peculiarmente complexas. Se há alguma indicação de que algo de meu grande interesse, e que antecipei que fosse acontecer, pode não acontecer; e depois de pesar probabilidades e inventar garantias e buscar novas informações, vejo-me incapaz de chegar a uma conclusão firme acerca do futuro, no lugar daquela inferência hipotética intelectual que eu busco, o sentimento de ansiedade emerge. Quando algo acontece para o qual não posso atentar, fico curioso. Quando me dou conta de algo que não posso fazer por mim mesmo, um prazer no futuro, eu tenho esperança. 'Eu não o compreendo' é a frase de alguém raivoso. O indescritível, o inefável, o incompreensível, comumente excitam a emoção; ... assim, uma emoção é sempre um predicado simples substituído, através de uma operação mental, por um predicado altamente complexo." (CP 5.292)

A conclusão de Peirce, portanto, é a de que a emoção não pode ser fruto da intuição. Emoções não podem ser sentimentos imediatos. Emoções são signos e, como tais, elas se assentam em um fundamento, quer dizer, em algum aspecto (qualitativo, existencial, legal) por um objeto e para um interpretante. Neste ponto, o caminho parece estar aberto para a nossa análise semiótica da raiva como uma emoção, um pecado emocional que é um signo. Mas antes de

— 185 —

Semiótica aplicada

prosseguir, vale chamar a atenção, como Savan (1981: 322) o fez, para o fato de que, na semiótica peirceana, o signo não é meramente uma entidade ou tipo de entidade, mas sim uma relação triádica ordenada cujos termos são o fundamento, o objeto e o interpretante.

Pois bem, qualquer signo, todo signo, mesmo um signo mental, deve estar corporificado. Estando corporificado, o signo tem qualidades materiais que lhe são peculiares como uma entidade ou evento que ele é, independente de sua função representativa. Algumas vezes, Peirce chamou esse aspecto do signo pelo nome de *representamen*. Outros, seguindo Morris, o chamam de veículo do signo. Peirce sustentou que um signo pode estar corporificado não apenas na forma de uma página impressa ou em uma tela pintada, mas também no sistema nervoso e nos sentimentos de um ser humano. Disto Savan (1981: 323) concluiu que os sentimentos imediatos são as qualidades materiais não cognitivas e não representativas das emoções.

3.1 O fundamento da raiva

De acordo com o fundamento, uma emoção é um qualissigno, ou um sinsigno ou um legissigno. Seguindo a tese de Savan de que as emoções desempenham o papel de legissignos, comecemos examinando a raiva como legissigno sem esquecer que legissignos só podem ter existência através de suas instâncias ou réplicas, isto é, através de sinsignos, que certamente incluem seus qualissignos correspondentes. Antes de tudo, trata-se de examinar por que as emoções são legissignos.

3.1.1 As emoções como legissignos

Em primeiro lugar, as emoções são legissignos porque toda emoção segue um padrão que se desenvolve em um certo período de tempo. No caso da raiva, sua natureza explosiva, e mesmo pro-

Por uma semiótica das emoções...

gressiva, é evidente. Como foi bem colocado por São Francisco de Sales (cf. Schimmel 1992: 91), a raiva "começa como um pequeno galho e, em um piscar de olhos, se adensa e se torna um tronco". De acordo com a compreensão *folk* da raiva, conforme descrição de Lakoff (1987: 391), há uma espiral crescente da raiva que aparece sob a forma da energia:

> "quando muita energia de *input* (entrada) é aplicada a um corpo, o corpo começa a produzir energia de *output* (saída). Assim, a causa da raiva pode ser vista como energia de *input* que produz várias formas de energia de *output*: vapor, pressão, irradiando calor externamente, e agitação."

No seu artigo sobre raiva, Mary Gordon (1993) afirmou que o poder mortal da ira é como uma fascinação que começa na boca e viaja através do sangue até alcançar a mente, produzindo uma explosão de insanidade. É como uma pedra em fogo que rola da montanha ganhando mais e mais massa e velocidade até o ponto em que qualquer chance de interromper seu curso louco se torna completamente impossível.

Em segundo lugar, as emoções são legissignos porque elas são gerais e só existem através de suas instâncias. Alguém pode ser levado a surtos de raiva por um número variado de motivos. Os motivos e a irrupção que advêm deles é sempre uma instância de um padrão geral.

Em terceiro lugar,

> "aquilo que pode se enquadrar em um sistema de explicação deve ter pelo menos algumas das características de uma lei. Emoções, de fato, entram dentro da explicação sistemática do comportamento. Além disso, emoções podem ser justificadas, mostradas como impróprias, desproporcionalmente fortes ou fracas, e assim por diante." (Savan 1981: 323)

Semiótica aplicada

Se não fosse por sua natureza de legissigno, a raiva não poderia ser julgada como um pecado capital em cuja função ela age como um símbolo (como será visto mais à frente).

3.1.2 As instâncias da raiva

Como legissignos, as emoções existem através de suas réplicas, casos especiais de sinsignos, ocorrências no tempo e no espaço. Pode haver uma grande variedade de instâncias da raiva, mas elas têm todas alguns atributos em comum, tais como o ímpeto emocional, o comportamento visual e verbal agressivo e até mesmo feroz, ou mesmo a agressividade mental, quando a raiva é perigosamente silenciosa. Esses atributos comuns mostram que as instâncias da raiva são sinsignos de um tipo especial, quer dizer, elas são réplicas de um tipo geral. Essas réplicas têm seus ingredientes qualitativos peculiares, ou melhor, seus qualissignos.

Embora toda emoção se enquadre na descrição de um tipo geral, as emoções não podem existir sem estarem encarnadas em um corpo e mente particulares, em um tempo e espaço particulares onde ocorrem. Sem corporificação, emoções não são nada. Lakoff (1987: 406) nos fornece uma análise compreensiva deste tópico no seu capítulo sobre "A corporificação da raiva". De fato, um dos aspectos fundamentais das emoções está em sua expressão através de experiências corporais. No caso da raiva, sabemos, por exemplo, que, quando alguém está sob a pressão interna de uma emoção, essa experiência é tão intensa que chega a haver uma elevação da temperatura e aumento no ritmo da pulsação (Lakoff 1987: 407).

3.1.3 Os qualissignos da raiva

Tão logo a raiva toma forma em um corpo, ela muda a aparência desse corpo. A emoção produz então mudanças de qualidade evidentes e, por vezes, completas, no corpo de quem experiencia a emoção, muito especialmente em sua face. Há uma mudança nos qualissignos usuais e familiares desse corpo e face. Nas palavras de Jeremy Taylor (cf. Schimmel 1992: 98), "a raiva torna o corpo monstruoso, deformado, desprezível; a voz horrível, a face pálida ou feroz, a fala clamorosa e alta". Essa é a razão por que a mais popular metáfora na cultura ocidental à qual a raiva está atada é aquela de que as "paixões são bestas dentro de uma pessoa [e] o comportamento de alguém que perdeu o controle é o comportamento de um animal selvagem" (Lakoff 1987: 392). Sêneca e Plutarco sugeriram que, quando ficamos raivosos, devemos nos olhar no espelho para ver quão odiosos, ferozes e absurdos nos tornamos (cf. Schimmel 1992: 98). Uma variante moderna dessa ideia aparece no uso de vídeos autorreflexivos. Como parte de um programa para tratamento do autocontrole contra a perda de controle, os psicólogos, de acordo com Schimmel (1992: 98) fazem seus pacientes assistirem a vídeos como retroalimentação de seus comportamentos raivosos durante as sessões de terapia.

3.2 Os objetos da raiva

Embora o objeto de um signo só possa ser especificado através da ação interpretativa de uma série de signos ou semiose (cf. Johansen 1993: 81), podemos adiantar algumas características gerais dos objetos dos signos emocionais, particularmente do objeto da raiva como um signo emocional. Sabemos que, de acordo com Peirce, há dois tipos de objetos: o dinâmico e o imediato. Como foi apontado por Johansen (1993: 81), o objeto dinâmico está relacionado ao signo de dois modos:

> "Ele é uma força exercendo sua influência sobre o signo, às vezes por causação... e outras vezes pela determinação no sentido de especificar o signo (cf. CP 8.177), como acontece quando as qualidades relevantes de um ícone são especificadas por sua comparação com o objeto que representa. Em segundo

Semiótica aplicada

lugar, ele é o objeto último da investigação que é buscado através do processo de pesquisa contínuo e ilimitado."

3.2.1 O objeto dinâmico

Uma emoção é sempre um predicado de algum sujeito. "Temos emoções sobre algo a que associamos um valor positivo ou negativo" (Nöth 1992: 72). Quando estamos com raiva, dizemos a nós mesmos que algo é ultrajante. Esse é o modo pelo qual um legissigno é determinado pelo seu objeto dinâmico, ou melhor, o objeto dinâmico do legissigno da raiva ou disposição para se zangar é a classe de todas as coisas que, sob certas circunstâncias, fará a raiva surgir. No seu aspecto existencial, entretanto, a raiva é, na maioria de suas ocorrências, uma explosão direta provocada por um motivo definido. Esse motivo é como uma força que exerce uma influência no signo. Só podemos nos enraivecer contra algo ou alguém. Tendo um objeto definido ou estímulo que age como uma causa direta, a raiva é claramente uma reação ou cadeia de reações sob o domínio da categoria da secundidade. Na maioria das vezes, a cadeia começa com algo que é sentido como um insulto, uma injúria, uma ofensa, uma provocação de que o eu é uma vítima. São Tomás de Aquino (cf. Schimmel 1992: 99), baseando-se em Aristóteles, descreveu os três modos através dos quais alguém pode injuriar um outro:

"Pode-se injuriar alguém por ignorância, por paixão ou por intenção deliberada. A maior injustiça é injuriar alguém por intenção deliberada ou esforço, com malícia consciente... Esta é a razão por que ficamos especialmente com raiva daqueles que, segundo cremos, fizeram um esforço deliberado para nos injuriar. Se pensamos que a injúria foi fruto da ignorância ou da emoção, não nos enraivecemos contra eles, ou, pelo menos, não violentamente. Nesse caso, a injúria não é tão séria... e, em certo sentido, clama pelo perdão e esquecimento. Mas aqueles que ferem deliberadamente parecem ser culpados pela injúria e é por isso que eles nos enraivecem tão intensamente."

De qualquer modo, os motivos que precipitam a raiva podem variar. Algumas vezes, nós mesmos podemos não estar cientes da verdadeira causa de nossa raiva. Outras vezes, "a fonte de nossa raiva mais amarga está nas expectativas distorcidas e não razoáveis que alimentamos em relação aos outros; ou ela pode ser precipitada por julgamento apressado" (Schimmel 1992: 100, 106). Schimmel (ibidem: 93) também diz que a inveja e o orgulho, esses outros pecados capitais, e mesmo as expectativas de alta posição material e *status*, "podem tornar alguém particularmente suscetível à raiva visto que eles deixam bem baixo o limiar para as injúrias reais ou percebidas".

O que é verdadeiro, na maior parte das vezes, entretanto, é que a raiva é um caso intersubjetivo. Mesmo quando ela é mais diretamente provocada por algo, temos sempre de encontrar alguém a quem culpar como causador da raiva. Ao ser precipitada por algo ou alguém, a cadeia de eventos é seguida por frustração e decepção mais ou menos violentas, e essas emoções são, então, seguidas quer por uma explosão de raiva, quer pela ira silenciosa e mortal. É no silêncio de um coração ferido que se aninha a serpente mais venenosa e insaciável da vingança.

3.2.2 O objeto imediato

Enquanto o objeto dinâmico do legissigno da raiva é a classe de todas as coisas que condicionalmente provocarão a reação da raiva em todas as suas possíveis variações, o objeto imediato de qualquer raiva presente é aquilo que aparece a alguém como ultrajante.

"O objeto de um signo que ocorre está presente àquele signo, em relação às circunstâncias de tempo e espaço. Essa apresentação relativa de um objeto, Peirce veio a chamar de objeto imediato do signo. O objeto imediato é o objeto sob uma descrição específica" (Savan 1981: 323).

Por exemplo, algo que pode ser uma fonte de raiva irracional em um certo tempo e lugar, pode inspirar o riso ou o desprezo ou mesmo a admiração em outro momento. Para levar esta discussão adiante, temos de examinar os aspectos icônicos, indexicais e simbólicos do signo.

3.3 A distinção de ícone, índice e símbolo

De acordo com Lakoff (1987: 397-398), as metáforas e as metonímias pelas quais a raiva se expressa convergem em um modelo cognitivo prototípico dessa emoção com apenas umas poucas variantes que não mudam o padrão básico. Lakoff o chama de "cenário prototípico" porque o modelo tem uma dimensão temporal e pode ser concebido como um cenário com cinco atos:

- evento ofensivo;
- raiva;
- tentativa de controlar a raiva;
- perda de controle;
- retribuição.

Essa sequência de atos ilustra o que chamei de cadeia de eventos ligando a causa da raiva – ou seu objeto dinâmico que exerce uma influência no signo – com a ocorrência da raiva ou reação ao evento ofensivo. O que é importante notar nesse contexto é que a reação específica funciona como um signo indexical da ofensa.

Enquanto o legissigno da raiva só pode estar relacionado ao seu objeto simbolicamente, qualquer reação aqui e agora da raiva, sendo uma réplica ou sinsigno de um legissigno, singulariza um objeto particular através do caráter ultrajante, ofensivo ou irritante que é atribuído àquele objeto. Enquanto a raiva como uma disposição é um símbolo de qualquer coisa que, de um modo justo ou mesmo distorcido, pode ser a causa daquela emoção em geral, é

Por uma semiótica das emoções...

através das qualidades atribuídas a algum objeto que uma emoção de raiva seleciona e identifica seu objeto. Assim, a réplica de uma emoção de raiva é um sinsigno icônico de seu objeto (Savan 1981: 324).

Mas, enquanto a reação da raiva é um índice existencialmente conectado ao motivo que a provocou, a emoção da raiva, tal como ela é nela mesma, é um qualissigno envolvido em uma representação de uma qualidade, isto é, a qualidade do ultrajante, ofensivo, ou insultuoso etc. Assim sendo, as qualidades relevantes da raiva como um ícone são especificadas por sua comparação com o objeto que ele representa. Se não fosse por esse aspecto icônico da raiva, não seria possível o julgamento relativo ao seu caráter equilibrado ou desequilibrado, justo ou injusto, apropriado ou impróprio, abusivo ou benevolente, forte ou fraco etc., visto que essa espécie de julgamento pressupõe uma comparação entre o motivo e a reação que ele enseja.

A raiva emerge quando alguém sofre uma ofensa real ou imaginária. O evento ofensivo constitui uma injustiça que tem de ser "retribuída", como diz Lakoff. As ações da pessoa em estado de raiva dirigem-se para a punição do ofensor. As escalas de justiça só podem ser equilibradas por um ato de retribuição. Quer dizer, a intensidade da retribuição deve ser relativamente igual à intensidade da ofensa. A pessoa ofendida "tem a responsabilidade de desempenhar um tal ato de retribuição" (Lakoff 1987: 97). Ora, a igualdade ou desigualdade, a simetria ou assimetria, a sanidade ou insanidade da retribuição não poderiam ser avaliadas se não fosse pelo aspecto icônico do signo da raiva. Certamente, qualquer julgamento pressupõe regras culturais ou morais, padrões de julgamento razoáveis. Para discutir esse tópico mais apropriadamente, temos de voltar nossa atenção para o terceiro elemento da relação sígnica, o interpretante.

— 193 —

Semiótica aplicada

3.4 Os interpretantes da raiva

Embora não esteja inteiramente de acordo com alguns aspectos do entendimento que Savan tem da classificação peirceana dos interpretantes, está além dos propósitos deste capítulo discutir esses desacordos. Assim, irei me limitar a uma apresentação esquemática dos interpretantes antes de analisar a raiva no seu ato de crueldade mais radical, tal como aparece em Medeia.

3.4.1 Os interpretantes imediato e dinâmico

Em uma formulação extremamente sintética, Peirce afirmou que o signo tem três interpretantes: "seu interpretante como representado ou intencionado para ser entendido, seu interpretante como é produzido e seu interpretante em si mesmo" (CP 8.333). Essa tríade corresponde às três categorias. O interpretante imediato é primeiridade, uma possibilidade de significação inscrita no signo; o interpretante dinâmico (produzido) é secundidade, o fato empírico da interpretação ou os resultados factuais do entendimento do signo; o interpretante final é terceiridade, uma regra ou padrão para o entendimento do signo (cf. Santaella 2000b).

Por ser uma mera possibilidade, um interpretante interno ao signo ou a interpretabilidade do signo antes que ele seja considerado por um intérprete (Hardwick 1977: 111), o interpretante imediato é um interpretante *in abstracto*. Assim, ele só pode ser discutido hipoteticamente, no nível da mera possibilidade. Que interpretantes, por exemplo, podem possivelmente surgir da raiva como ícone, índice e símbolo?

Se o interpretante imediato é o interpretante potencial que ainda não veio à existência, o interpretante dinâmico é o fato efetivo e empírico de responder ao signo. Essa resposta pode ocorrer em três níveis: o nível dos interpretantes emocional, energético e lógico. Evidentemente, quando uma emoção como a raiva está em cena, esses três níveis de resposta podem ser analisados de pelo menos dois pon-

— 194 —

tos de vista: aquele da pessoa que está passando pelo processo de sentir raiva e aquele do receptor do signo. Uma vez que o receptor não se restringe àquele a quem a raiva é dirigida, a análise do interpretante dinâmico pode ser infinita, e ela será tanto mais infinita se as diferenças históricas, geográficas e culturais dos possíveis intérpretes do signo forem também levadas em consideração.

No caso de uma pessoa raivosa, o interpretante emocional é usualmente a sensação de alívio que resulta de se descarregar da raiva. É também o prazer intrínseco e gratificação imediata diante da igualdade sentida entre a injúria e a vingança. Mas esse efeito é geralmente contraditório porque há sempre um conflito entre a responsabilidade para providenciar capaz de restabelecer o senso ferido de justiça, de um lado, e a obrigação de controlar a raiva, de outro lado. É por isso que o clímax da raiva é usualmente seguido por emoções confusas, uma estranha mistura de gratificação, vergonha e, por vezes, culpa. Mas aqui o interpretante emocional começa a se sobrepor ao interpretante energético que se refere aos efeitos fisiológicos e mentais depois que a raiva atingiu seu zênite, quando há uma luta mais ou menos perceptível dentro de nós para recuperarmos o controle de nossas emoções. Perda de controle significa a separação do corpo e das emoções do eu. Como uma entidade separada, a raiva pode levar alguém ao limiar da insanidade. O interpretante energético é um esforço para restabelecer o equilíbrio e restaurar o equilíbrio original e paz mental.

Quando falamos do interpretante lógico para o qual os interpretantes emocional e energético tendem a convergir, o caráter geral do nível lógico pode nos levar a algumas conclusões. Como foi mencionado anteriormente, qualquer emoção, de acordo com Peirce, "é um predicado simples substituído, através de uma operação mental, por um predicado altamente complexo". Assim, "a analogia das partes desempenhadas pela emoção e pela hipótese é muito evidente" (CP 5.292).

Quando se trata de analisar as emoções como conceitos ou como julgamentos, Peirce foi mais radical do que muitos cogniti-

Semiótica aplicada

vistas (Savan 1981: 325). Uma emoção é nela mesma um tipo primitivo de argumento hipotético. Ele é primitivo porque não é adotado crítica e deliberadamente. Consequentemente, é somente no nível do interpretante lógico que hipóteses mais racionais e críticas se tornam disponíveis como meios de avaliar a hipótese acrítica que é a emoção nela mesma.

É o interpretante lógico que, de acordo com certas regras de interpretação, cria, critica e transforma os hábitos e mesmo os vícios da emoção. No caso da raiva, por exemplo, regras de avaliação podem vir daquilo que Lakoff chama de teorias *folk*, de terapistas, educadores, moralistas, e, por fim, da igreja. Como sabemos, foi na moldura dos ideais e normas religiosos que a raiva foi avaliada como um pecado capital.

3.4.2 O interpretante final

Na sua análise dos três níveis do interpretante final, Savan usou a divisão triádica peirceana das emoções em: a) emoções naturais, instintivas; b) emoções morais e c) sentimentos lógicos. À luz dessa divisão, o interpretante final da raiva como uma emoção instintiva, natural, deve estar na gratificante restauração de um estado original de equilíbrio, desde que "a finalidade última de nossas emoções naturais está na segurança, repouso, em um estado de satisfação que não é ameaçado pela ruptura" (Savan 1981: 330).

Emoções morais, em contraste, são emoções reguladas por normas. "Uma vez que essas normas são formadas por forças históricas, elas são universais" (Savan 1981: 330). Além de existirem modos *folk* de emoções corretas, assim como de condutas corretas, há padrões morais, religiosos e políticos para se avaliar as emoções que variam de sociedade a sociedade e de tempos em tempos. A raiva, como um pecado capital, é evidentemente uma compreensão moral da emoção instintiva e natural da raiva. Mas ela é julgada como um pecado porque, quando é arbitrária, cruel e insana, fere o mais elevado ideal da existência humana: o cultivo dos sentimentos. No caso da Igreja Católica, os mais altos sentimentos a serem cultivados são aqueles que podem abrir o caminho para o encontro do ser humano com os desejos de Deus.

Para Peirce, o escopo dos sentimentos lógicos, aqueles do amor, da fé e da esperança, está na estabilidade verdadeira das nossas crenças e nossas vidas. De fato, os sentimentos lógicos convertem a estabilidade em norma para criticar, racionalizar e controlar nossas emoções. Peirce identificou nosso "interesse transcendente e supremo na lógica e autocontrole com o amor" (CP 5.357 apud Savan 1981: 333). Como será visto brevemente a seguir, o exemplo da raiva em Medeia se coloca contra os três níveis do interpretante final, aquele do instinto, o da moralidade e o dos nossos sentimentos lógicos.

4. Medeia: a raiva como vingança mortal

4.1 O enredo

De acordo com o mito clássico, o enredo da tragédia de Eurípedes corre como se segue:

4.1.1 Contexto prévio do conflito dramático

Medeia, uma sacerdotisa de Hécate, era versada em magia. Quando Jason chegou a Colchis na sua busca do Carneiro Dourado, Medeia enamorou-se dele e o ajudou a atingir seu objetivo. Quando ela descobriu que Aeëtes, seu pai, planejava matar Jason e os argonautas durante a noite, Medeia, ela mesma, roubou o Carneiro do Bosque e fugiu com Jason para Argo. Os fugitivos levaram consigo Apsyrtus, irmão mais novo de Medeia. Quando Aeëtes, na perseguição, se aproximava dos fugitivos, ela matou o jovem irmão e jogou as partes esquartejadas do seu corpo no mar. Aeëtes teve de parar a perseguição para juntar as partes do corpo para um enterro apropriado, e os argonautas escaparam. Em Iolcos, eles

Semiótica aplicada

descobriram que Peleus havia matado Aeson, pai de Jason. Este implorou a Medeia que o vingasse. Assim, ela convenceu as filhas de Peleus de que ela poderia rejuvenescer o velho homem. Ela pegou um velho carneiro, cortou-o em pedaços, ferveu-o em um caldeirão, e tirou do caldeirão uma ovelha. Mas, quando Peleus foi também cortado e colocado no caldeirão, Medeia se certificou de que Peleus estivesse morto. Por esse ultraje, o filho de Peleus expulsou Jason e Medeia de Iolcos. Eles se estabeleceram em Corinto, onde, depois de alguns anos, Jason abandonou Medeia por Glauce, filha de Creonte, o Rei (Leach 1972: 698; Graves 1960: 332).

4.1.2 O conflito dramático

Vitimizada pela traição de seu marido, Medeia "fica em colapso de agonia" e, "derretendo sua vida em lágrimas", ela lamenta o seu destino (Euripedes 1963: 18, 21. Todas as indicações de páginas a seguir referem-se a essa obra e os trechos foram traduzidos por mim). Mas como uma mulher de "temperamento violento" (p. 43), "seu humor cruel, sua natureza perigosa, sua vontade forte e intratável", "seus olhos parecendo os de um touro selvagem", ela não poderia "relaxar seu furor enquanto este não encontrasse sua vítima" (p. 20), visto que sua "raiva, uma vez erguida, era difícil de aplacar" (p. 21). "Algum propósito amedrontador está se formando em sua mente" (p. 18), enquanto ela busca "um modo de trabalhar sua vingança sobre Jason por seus erros" com ela (p. 25). Diante de suas "ameaças de vingança" (p. 26), temendo sua esperteza e "habilidades em muitas artes do mal" (p. 26), Creonte a bane com seus filhos de Corinto.

4.1.3 O plano de Medeia

Com sede de punição e justiça, fingindo o perdão, Medeia fala com Jason com palavras gentis, para tê-lo como um aliado ingênuo para o seu plano assustador. Por trás da gentileza e beleza de um

Por uma semiótica das emoções...

vestido e uma coroa a ser oferecida à noiva, ela esconde um veneno para matar a jovem e linda princesa. Mas "seus planos de coração maléfico" (p. 48) não pararam aí. Para compensar pela injúria e insulto, ela vai muito mais longe do que qualquer mente e alma humanas podem conjurar: ela decide matar seus próprios filhos, os filhos que Jason lhe deu.

4.1.4 A resolução do conflito

"Sim, eu posso suportar a culpa, por pior que seja, mas o riso de meus inimigos eu não posso suportar", ela diz (p. 41). Com seu coração devorado pela ira, ela vai além "das leis da vida humana", e "com coração de aço e armado" (p. 42, 55), ela realiza seus planos. "E você os matou?", Jason pergunta no seu estupor. "Poluída com o sangue de seus filhos", ela diz: "Sim, Jason, para quebrar seu coração" (p. 60). Então, em uma carruagem guiada por um dragão, ela voou para Atenas, onde se casou com Egeu.

4.2 A ira como vingança

Sem dúvida, esse mito é uma tragédia sobre os excessos bárbaros da raiva. A palavra "raiva" e sua variante "ira" aparecem na peça não menos do que 20 vezes. Com pequenas variações, a história pode funcionar como uma ilustração perfeita do "cenário prototípico" da raiva (Lakoff 1987: 397) no seu desenvolvimento temporal.

4.2.1 Primeiro ato: o evento ofensivo

As citações abaixo são suficientemente eloquentes:

—"Mas agora, o mundo se tornou inimigo, e a fere onde sua afeição é mais profunda. Jason traiu seus próprios filhos e minha senhora por uma cama real" (p. 17-18).

— 199 —

Semiótica aplicada

— "Este homem que agora a agride e insulta" (p. 18).

— "Ele é culpado. Ele traiu aqueles que lhe são próximos e queridos" (p. 19).

— "O que ela vai fazer agora, picada com insulto?" (p. 20).

— "Mas este golpe que caiu sobre mim não podia ser esperado. Ele destruiu meu coração" (p. 24).

— "Você tem a fraqueza de me expulsar" (p. 31).

— "Desconsiderando o direito e a lealdade, seu marido a abandonou" (p. 47).

— "... seu insulto comigo" (p. 59).

4.2.2 Segundo ato: a raiva

No que diz respeito à raiva, as citações são ainda mais eloquentes:

— "Desprezada e envergonhada, ela se enfurece" (p. 18).

— "Ela não relaxará sua ira" (p. 20).

— "É sua mãe, explodindo seu coração, explodindo sua raiva" (p. 20).

— "Isso arrebentará em chama, quando sua raiva se erguer" (p. 20).

— "E sua raiva, uma vez erguida, é difícil aplacar" (p. 21).

— "Se seu marido foi ganho por um novo amor – isso é comum; por que deixar isso enraivecê-la?" (p. 22).

— "Não é qualquer coisa que pode pôr fim a uma raiva como a dela" (p. 22).

— "... deitando raiva contra seu marido" (p. 25).

— "Que resultados fatais se seguem a uma raiva desgovernada?" (p. 30).

— "Suas palavras raivosas" (p. 30).

— "A raiva mais forte de todas, a mais incurável é aquela que se coloca no lugar do amor mais querido" (p. 32).

— "Você tem tudo a ganhar se desistir dessa raiva" (p. 35).

— "Por que não jogar sua raiva fora?" (p. 44).

— "Você não está mais com raiva" (p. 44).

— "É natural que uma mulher se enraiveça quando seu marido se casa com uma segunda mulher" (p. 45).

— "A raiva, a fonte de todos os horrores da vida, guia minha resolução" (p. 50).

— "Você está sã ou furiosamente louca?" (p. 52).

— "Por que essa raiva deve devorá-la?" (p. 56).

4.2.3 Terceiro ato: tentativa de controle

Na peça, o ato da tentativa de controle não aparece. Essa ausência funciona como um índice das origens bárbaras de Medeia, sua propensão à violência, sua paixão natural para a vingança.

4.2.4 Quarto ato: perda de controle

"Sua raiva está desgovernada" (p. 30), "sua paixão é um fluxo irresistível" (p. 23). Esperta, maligna, cruel e perigosa, sem perder seu controle, Medeia planeja uma vingança terrível contra Jason. "A raiva, a fonte de todos os horrores da vida, guia minha resolução", ela diz (p. 50).

4.2.5 Quinto ato: ato de retribuição

Executando sua vingança, Medeia retribui o insulto de Jason. Do ponto de vista de seu temperamento violento, a intensidade da retribuição iguala a intensidade da injúria. Mas, na realidade, a punição é duas vezes mais cruel e horrenda do que o crime.

5. A semiose da raiva de Medeia

O temperamento de Medeia é violento e sua raiva não é mediada por valores morais. Embora seu comportamento seja movido pela com-

Semiótica aplicada

pulsão cega da violência, sendo, por isso, um fenômeno de secundidade, isso não significa que sua raiva não evidencie uma natureza de legissigno. Antes de matar seus próprios filhos e a nova mulher de Jason, ela já havia matado seu próprio irmão e também Peleus. Esses atos mostram que ela está disposta à extrema agressividade. Essa predisposição ou tendência geral para agir de um certo modo, dadas certas condições, é o legissigno da raiva de Medeia. As instâncias particulares de sua disposição natural para a violência são os sinsignos, no caso, o assassinato de várias pessoas. Os qualissignos são os ingredientes qualitativos dessas mortes: seu irmão e Peleus esquartejados, Glauce envenenada etc.

A raiva de Medeia não é explosiva, mas alimentada na forma de vingança mortal. Com exceção de suas lágrimas e juramentos de vingança, a raiva não produziu modificações em sua aparência. Quando a raiva toma a forma da vingança, os qualissignos podem ser observados nos componentes peculiares daquela vingança específica. No caso desta tragédia, a descrição dos qualissignos do assassinato da princesa é especialmente cheia de detalhes.

Em face da traição de Jason, a tendência de Medeia para reagir radicalmente foi ativada até os seus extremos. Mas aqui, temos de considerar que todos os seus feitos passados e os crimes cometidos foram causados por seu amor cego e louco por Jason. A vingança de Medeia nos aparece como insanamente desproporcional em relação à traição de Jason, que funciona como o objeto dinâmico que provocou sua vingança. A traição e todo o contexto em que ela se insere, isto é, a troca de Medeia por uma mulher mais nova e princesa, além do passado de Jason e Medeia, todos os crimes que ela praticou por ele, constituem-se no objeto dinâmico de sua raiva.

É por isso que, se vista sob o ponto de vista de Medeia, a vingança como um signo é na realidade proporcional ao seu objeto imediato, que é o modo como a traição de Jason está representada nos sentimentos e pensamentos de Medeia. "Louca de amor" (p. 17), "selvagem de amor" (p. 30), incapaz de compreender quan-

Por uma semiótica das emoções...

do a força tem de ceder lugar para a lei (p. 33), ela perpetra o mais bestial de todos os crimes. "Você, abominação! De todas as mulheres, a mais detestada por todos os deuses, por mim, por toda a raça humana!", Jason exclama (p. 58).

De fato, a interpretação que Jason tem do ato de Medeia, uma interpretação que ele generaliza como sendo universal, restabelece a moralidade racional que está ausente no ponto de vista de Medeia. À luz de valores morais, que são produzidos por interpretantes lógicos e produzem coesão social, o signo da raiva de Medeia é patologicamente desproporcional em todos os seus três aspectos: o icônico, o indexical e o simbólico.

A reação de Medeia como um signo indexical existencialmente conectado ao seu motivo, o insulto provocativo de Jason, é abusivo. Esse abuso só pode ser mais bem examinado à luz do aspecto icônico da raiva. A qualidade específica da raiva de Medeia que aparece sob a forma de crimes horrendos é um qualissigno icônico representando a qualidade da ofensa de Jason contra ela. O caráter de sua raiva como um ícone só pode ser determinado pela comparação com o caráter da ofensa que impeliu a reação de raiva. Mesmo no nível do interpretante emocional, que é o mais imediato interpretante efetivo, o resultado dessa comparação produz aversão e indignação. No nível do interpretante lógico, que fornece meios mais racionais e críticos para avaliar a emoção acrítica em si mesma, a vingança de Medeia é avaliada como abominável.

A emoção instintiva, natural da raiva de Medeia é selvagem e fora de controle. A ela faltam as emoções morais, aquelas adquiridas através da experiência social da vida moral e que poderiam ter transfigurado sua raiva em indignação. Seu ato universalmente fere e afronta os sentimentos humanos. Medeia é um símbolo do paroxismo da raiva, quando uma emoção não se submete à regulação de sentimentos mais elevados, tais como o amor, a fé e a esperança, que, de acordo com Peirce, são responsáveis pela grandeza humana, o amor em primeiro lugar.

13

A semiose do sensoriamento remoto[1]

A captação e produção de imagens atingiu hoje um nível de sofisticação e precisão inimaginável. Recebemos esplêndidas imagens do nosso planeta que nos chegam de lá de longe no céu, sem termos ideia sobre os equipamentos, dispositivos e aparelhos avançados que permitem isso. A semiótica nos ajuda a ir além da realidade técnica desses aparelhos para compreender o processo de geração e as dinâmicas de mediação que fazem com que essas imagens cheguem até nós no seu emocionante esplendor. A análise abaixo não é tão ambiciosa, mas pretende funcionar como um embrião ou um modesto modelo para que seja possível avançar até a compreensão do funcionamento semiótico das sondas que atravessam o espaço para captar sinais e informações sobre planetas tão distantes quanto Júpiter. O que será apresentado no que se segue é algo bem menos grandioso, mas, não obstante fundamental à pesquisa sobre as manchas na superfície do mar e o estudo de suas proveniências.

---

[1] Este Capítulo resultou de pesquisa realizada no contexto de um projeto desenvolvido no Centro de Pesquisa da Petrobras (Cenpes) sob o título de "Novas Tecnologias para o Sensoriamento Remoto de Exsudações de Óleo na Superfície Marinha", coordenado por Fernando Pellon de Miranda, geólogo e pesquisador do Cenpes. Este Capítulo não poderia ter sido escrito sem o diálogo inestimável com Fernando Pellon de Miranda.

O fluxo de radiação eletromagnética (REM), que se propaga pelo espaço, pode interagir com superfícies ou objetos e é por estes refletido, retroespalhado, absorvido e mesmo reemitido. As variações dessas interações, no fluxo considerado, dependem das propriedades físico-químicas dos elementos irradiados "e o fluxo resultante constitui uma valiosa fonte de informações a respeito daquelas superfícies e objetos". Foram essas possibilidades que levaram à criação de tecnologias e dispositivos que, à grande distância de seus alvos naturais, podem detectar e registrar o fluxo REM proveniente desses alvos. As informações obtidas nos registros têm geralmente a forma de imagens ou de gráficos. Esse é o panorama geral do funcionamento do sensoriamento remoto, cujos equipamentos evoluem no ritmo da evolução tecnológica.

Figura 13.1 Satélite orbitando a Terra.

Assim, com o desenvolvimento tecnológico, ampliou-se a capacidade de registro da REM, desde comprimentos de ondas extremamente curtos (raios gama) até comprimentos de ondas em escala métrica, graças aos sensores que operam em grande parte do espectro eletromagnético (Steffen et al., 1981, p. 1-27).

Portanto, os personagens principais, em todo esse cenário, são os sensores. No atual estado da arte, existem dois tipos de sensores para sensoriamento remoto, os sensores passivos ópticos, que necessitam do sol para a iluminação de seus alvos ou captam a energia reemitida por eles na faixa do termal, e o radar, que é um sensor ativo com sua própria fonte de energia. Esse sistema

> "é capaz de adquirir informações durante o dia e a noite. Além disso, por utilizar a faixa das microondas, onde a transmitância atmosférica é alta, o sistema coleta informações em quaisquer condições meteorológicas. Assim, a energia eletromagnética nesta faixa do espectro é capaz de penetrar nuvens, chuva, fumaça, poluição etc." (Roriz, 2006, p. 89-90)

Seu uso é recomendado em regiões tropicais, tais como o litoral brasileiro, que se caracterizam pela existência de cobertura de nuvens em grande parte do ano.

A análise abaixo toma como referente ou alvo do processo de semiose do sensoriamento remoto a detecção de manchas de óleo na superfície do oceano, uma detecção de fundamental importância para a exploração de petróleo.

1. O que manchas na superfície oceânica podem significar

Para a detecção de exsudações petrolíferas na superfície do mar, são utilizados, por exemplo, dados dos satélites RADARSAT-1 e 2. Esses dados têm a forma de imagens obtidas por meio de um radar de abertura sintética (SAR, do termo em inglês *Synthetic Aperture Radar*). Após serem submetidas a uma complicada manipulação digital na sua preparação para uso, essas imagens sofrem processamento por meio do algoritmo USTC (*Unsupervised Semivariogram Textural Classifier*). Tal algoritmo possibilita o mapeamento de áreas texturalmente lisas no produto SAR, que são associadas à presença de óleo na superfície marinha (Miranda et al., 2004).

Semiótica aplicada

Deve-se mencionar, contudo, que porções lisas nas imagens SAR também podem ser causadas por falsos alvos, tais como floração de algas ou áreas com velocidade do vento abaixo de 3,0 m/s.

Assim, é forçoso concluir que as imagens SAR não são, por si mesmas, capazes de diferenciar manchas de óleo de falsos alvos. Por isso, são empregados dados meteorológicos e oceanográficos, também adquiridos por satélites, para comparação com as imagens SAR, de modo a evidenciar outros fenômenos que, a exemplo da mancha de óleo, tornam lisa a superfície marinha (Roriz, 2006). Após a etapa de eliminação das feições associadas a falsos alvos, os resultados da classificação USTC são, então, "comparados com informações geológicas e geofísicas a partir de sua integração a um banco de dados digitais georreferenciados e de sua manipulação utilizando um Sistema de Informações Geográficas (SIG)" (ibidem).

Embora o processo de captura de dados seja bem mais complexo, o panorama acima já nos fornece elementos suficientes para o exame do tipo de semiose que aí se processa; se não, vejamos.

2. Que tipo de semiose se tem aí?

Os sensores, como o próprio nome diz, são extensões, amplificações artificiais dos sentidos humanos. Operam, portanto, do mesmo modo que os sentidos. As imagens captadas por esses sensores são hipersignos, ou seja, signos que extrapolam o *Umwelt* humano, o que não significa que a semiose da percepção humana e a semiose desses sensores artificiais não sejam semelhantes. Assim, como hipersignos, as imagens apresentam objetos imediatos e objetos dinâmicos. Os objetos imediatos têm a natureza de qualissignos, quer dizer, apresentam uma qualidade de aparência que deve ter alguma similaridade com os objetos dinâmicos, a saber, os alvos naturais que os sensores captam. Uma vez que a captura é feita por sensores e não por imaginação ou simulação,

A semiose do sensoriamento remoto

trata-se aí de uma semiose fundamentalmente indexical. Portanto, além de apresentar uma similaridade na qualidade da aparência, em relação ao objeto dinâmico ou alvo, as imagens também indicam efetivamente esse alvo, pois estão conectadas dinâmica e existencialmente a ele.

Contudo, nem o aspecto qualitativo-icônico, ou seja, a similaridade das imagens com a aparência do fenômeno natural, as manchas de óleo, nem o aspecto indexical, a saber, a conexão existencial, espaçotemporal das imagens captadas e seus alvos, são capazes de revelar-se, de fato, o alvo, ou seja, as manchas na superfície do mar são manchas constituídas por óleo (e não por falsos alvos). Para esclarecer essa questão, é preciso que outras semioses entrem em ação. Elas estão baseadas em: dados oceanográficos e meteorológicos também obtidos por satélites. Tais dados são também resultantes de semioses indexicais, quer dizer, processos baseados em conexões reais entre os hipersignos (feixes de signos que resultam do uso de extensões protéticas dos sentidos humanos) e suas fontes, ou seja, seus objetos dinâmicos. Estamos, portanto, diante de semioses indexicais que se superpõem para garantir a confiabilidade da detecção de óleo na superfície do mar.

3. Acréscimos à semiose básica

Além disso, a essas semioses acrescentam-se informações geológicas e geofísicas a partir de sua integração a um banco de dados digitais georreferenciados e de sua manipulação utilizando um Sistema de Informações Geográficas. Embora tenham também uma base indexical em função do fato de que os dados são georreferenciados, eles são manipulados em um sistema de informações geográficas que tem forte dose convencional-simbólica.

Como se pode ver, as semioses se articulam entre si e se combinam de modo a potencializar a confiabilidade do processo. Entretanto, mesmo que o resultado de todo o processo nos assegu-

Semiótica aplicada

re de que se trata de manchas de óleo, ele nada nos pode dizer sobre sua proveniência natural a partir do fenômeno de exsudação e tampouco sobre o ponto de origem no assoalho oceânico. Trata--se, portanto, de semioses de superfície, insuficientes para indicar aquilo que realmente interessa nesse caso: de onde vem a exsuda-ção? Considera-se que a convergência, para um ponto comum no assoalho oceânico, de diferentes feições interpretadas na superfí-cie do mar como manchas de óleo sugere a ocorrência do fenôme-no de exsudação. Para explorar essa origem, ainda outras semio-ses são necessárias. Elas foram estudadas no projeto de que este capítulo nasceu e que, todavia, não serão aqui apresentadas por-que isso envolveria entrarmos em detalhes técnicos e científicos que extrapolam o escopo deste capítulo cuja intenção é apenas a de demonstrar que análises semióticas não se prestam apenas ao estudo da publicidade, da arte, da literatura e outras realidades culturais, mas também como coadjuvante de pesquisas científicas.

Bibliografia

BELTRÃO, M. H. R. *Imagens de magia e de ciência*: entre o simbolismo e os diagramas da razão. São Paulo: Educ/Fapesp, 2000.

BOUGNOUX, D. *Introdução às ciências da informação e da comunicação*. Tradução Guilherme João de Freitas Teixeira. Petrópolis: Vozes, 1994.

BOURRICAUD, F. Institutions. In: ICESTE, J. P. (Ed.). *Encyclopaedia Universalis*. Corpus 12. Paris: Encyclopaedia Universalis, 1990. p. 388-391.

BROMS, H. et al. (Eds.). *Semiotics of culture*. Helsinki: Arator Inc., 1987.

BUCZYNSKA-GAREWICZ, H. Sign and continuity. *Ars Semiotica*, v. 2, p. 3-15, 1978.

_____. Sign and dialogue. *American Journal of Semiotics*, v. 2, n. 1-2, p. 27-43, 1983.

CANCLINI, N. G. *Culturas híbridas*. São Paulo: Unesp, 1997.

DONALD, M. *Origins of the modern mind*. Three stages in the evolution of culture and cognition. Cambridge, Mass.: Harvard University Press, 1991.

EISENSTADT, S. Social institutions. In: SILLS, D. L. (Ed.). *International Encyclopedia of the Social Sciences*. New York: The Macmillan Company & The Free Press, 1968. v. 14, p. 409-421.

EURIPIDES. *Medea/Hecabe/Electra/Heracles*. London: Penguin, 1963.

FERREIRA, S. *O poder apelativo da Coca-Coca*. A semiose das peças televisivas "Sempre Viva". São Paulo, 1997. Tese (Doutorado) – Pontifícia Universidade Católica de São Paulo.

Semiótica aplicada

GORDON, M. Ira. In: Os sete pecados capitais. Trad. Bernardo Carvalho. Folhetim, *Folha de S. Paulo*, p. 14-15, 8 ago. 1993.

GRAVES, R. *The Greek myths*: 1. London: Penguin, 1960.

GREIMAS, A. J. (1983). *Du sens II*. Paris: Seuil, 1983.

GREIMAS, A. J.; FONTANILLE, J. *Sémiotique des passions*. Paris: Seuil, 1991.

HARDWICK, C. *Semiotics and significs*: the correspondence between C. S. Peirce and Lady Welby. Bloomington: Indiana University Press, 1977.

HOUSER, N. et al. (Eds.). *The essential Peirce*. Bloomington: Indiana University Press, 1992.

HOUSER, N. Introduction. In: FISCH, M. et al. (Eds.). *Writings of Charles S. Peirce*. Bloomington: Indiana University Press, 2000, v. 6, p. xxv-xxxxiv. (Os Writings foram referidos como W. seguido do número do volume.)

JOHANSEN, J. D. *Dialogic semiosis*. An essay on signs and meaning. Bloomington; Indianapolis: Indiana University Press, 1993.

KÓVECSES, Z. *Metaphors of anger, pride, and love*. A lexical approach to the structure of concepts. Amsterdam: John Benjamins, 1986.

LAKOFF, G. *Women, fire, and dangerous things*. What categories reveal about the mind. Chicago: University of Chicago Press, 1987.

LAKOFF, G.; KÓVECSES, Z. The cognitive model of anger inherent in American English. *Berkeley Cognitive Science Report* 10, Ser. A, Pap. 117, 1983.

LEACH, M. (Ed.). *Funk & Wagnalls Standard Dictionary of Folklore, Mithology, and Legend*. Nova York: Harper & Row, 1972.

MALINNOWSKI, Bronislaw. *Institution*. In: The new Encyclopaedia Britannica: in 32 volumes, 15th ed. Chicago, Il.: Encyclopaedia Britannica, 1985, p. 371.

Bibliografia

MIRANDA, F. P. et al. Analysis of RADARSAT-1 data for offshore monitoring activities in the Cantarell Complex, Gulf of Mexico, using the Unsupervised Semivariogram Textural Classifier (USTC), *Canadian Journal of Remote Sensing*, v. 30, n. 3, p. 424-436, 2004.

NÓTH, W. Symmetries and asymmetries between positive and negative emotion words. In: BUSSE, W. G. (Ed.). *Anglistentag 1991*, Tübingen: Niemeyer, p. 72-88, 1992.

_____. *Panorama da semiótica*. De Platão a Peirce. São Paulo: Annablume, 1995.

_____. *A semiótica no século XX*. São Paulo: Annablume, 1996.

_____. *Handbuch der Semiotik*. Stuttgart: J. B. Metzler, 2000. p. 95-99.

PARSONS, T. *The social system*. Glencoe, In.: Free Press (1951 [1970]).

PEIRCE, C. S. *Collected papers*. HARTSHORNE, C.; WEISS, P.; BURKS, A. W. (Eds.). 8 vols. Cambridge, Mass.: Harvard University Press, 1931-1958. (Esses livros foram referidos como CP. Os manuscritos de Peirce em forma de cartas são indicados como L seguido do número da carta.)

_____. *The new elements of mathematics*. EISELE, C. (Ed.). 5 vols em 4. Bloomington: Indiana University Press, 1976. (Esses livros foram referidos como NEM.)

_____. *The Essential Peirce*. Houser, N. et al. (Eds.). Bloomington: Indiana University Press, 1992.

PESSOA DE BARROS, D. L. *Teoria do discurso*. Fundamentos semióticos. São Paulo: Atual, 1988.

_____. *Teoria semiótica do texto*. São Paulo: Ática, 1990.

PLAZA, J. *Tradução intersemiótica*. São Paulo: Perspectiva, 1987.

RORIZ, C. E. D. *Detecção de exsudações de óleo utilizando imagens do satélite RADARSAT-1 na porção offshore do Delta do Níger*. Rio de Janeiro,

— 213 —

Semiótica aplicada

2006. (Mestrado) – COPPE/UFRJ – Programa da Engenharia Civil, Rio de Janeiro, Brasil.

RANSDELL, J. Semiotic objectivity. *Semiotica*, v. 26, n. 3-4, p. 261-288, 1979.

SANTAELLA, L. *O que é semiótica*. São Paulo: Brasiliense, 1983.

_____. *A assinatura das coisas*. Arthur Nestrovski (Ed.). Peirce e a literatura, Coleção Pierre Menard. Rio de Janeiro: Imago, 1992.

_____. Difficulties and strategies for applying Peirce's semiotics. *Semiotica*, v. 97, n. 3/4, p. 401-410, 1993.

_____. Cultura tecnológica e corpo biocibernético. *Margem 8*, Educ, p. 33-44, 1998.

_____. Technologies and the growth of signs. In: TASCA, Norma (Ed.). *Ensaios em homenagem a Thomas A. Sebeok*. Cruzeiro Semiótico 22/25, Porto, p. 315-324, 1995.

_____. [1993] *Percepção*: uma teoria semiótica. 2. ed. São Paulo: Experimento, 1999.

_____. [1994] *Estética*: de Platão a Peirce. 2. ed. São Paulo: Experimento, 2000a.

_____. *A teoria geral dos signos*: com as linguagens significam as coisas. 2. ed.São Paulo: Cengage Learning, 2000b.

_____. [1996] O crescimento das mídias e dos signos. In: SANTAELLA, L. *Cultura das mídias*. 3. ed. São Paulo: Experimento, 2006, p. 183-194.

_____. *Cultura das mídias*. 3. ed. São Paulo: Experimento, 2000c.

_____. *Comunicação & pesquisa*. São Paulo: Hacker, 2001a.

_____. *Matrizes da linguagem e pensamento*: sonora, visual, verbal. Aplicações na hipermídia. São Paulo: Iluminuras/Fapesp, 2001b.

Bibliografia

_____. *O método anticartesiano de C. S. Peirce.* São Paulo: Unesp, 2004.

SANTAELLA, L.; NÖTH, W. [1999] *Imagem.* Cognição, semiótica, mídias. 3. ed. São Paulo: Iluminuras, 2001.

SAVAN, D. Peirce semiotic theory of emotion. In: KETNER, K. L. et al. (Eds.). *Proceedings of the C. S. Peirce Bicentennial International Congress.* Lubbock, Texas, 1981, p. 319-334.

SCHIMMEL, S. *The seven deadly sins.* New York: Free Press, 1992.

SEBEOK, T. What sense is language a "primary modeling system"? In: BROMS, H. et al. *Semiotics of culture.* Helsinki: Arator Inc. Publishers, 1987. p. 67-80.

STEFFEN, C. A. et al. *Sensoriamento remoto.* Princípios filosóficos, sensores, produtos e sistema Landsat. Instituto de Pesquisas Espaciais (INPE), 2226-MD/O 13,1981.

TRAJBER, R., COSTA, L. B. da (Orgs.). Avaliando a educação ambiental no Brasil. Materiais audiovisuais. São Paulo: Ecoar/Fundação Peirópolis, 2000.

WALLIS, R. Institutions. In: KUPER, A.; KUPER J. (Eds.). *The Social Science Encyclopedia.* 2. ed. London: Routledge, 1996, p. 417- 418.

WILLIAMSON, J. *Consuming passions.* The dynamics of popular culture. London: Marion Boyars, 1986.

Vídeos

A fabulosa história e o urubu eco sábio (1997)
Direção: Celso Falcoski
Realização e produção: Associação para a Proteção Ambiental de São Carlos (Apasc)/BIS-Banco de Imagem e Som.

A nascente do Amazonas (1995)
Direção: Paula Saldanha e Roberto Werneck
Realização: RW Vídeo.

Ar (1990)
Direção: Taunay Magalhães Daniel
Realização e produção: Fundação para o Desenvolvimento da Educação (FDE), São Paulo.

Arborização urbana (1996)
Realização: Universidade Livre do Meio Ambiente (Unilivre), Paraná
Produção: GW Comunicação.

Construindo agroecologia em Santa Catarina (1996)
Direção: Loreno Siega
Realização: Associação Vianei, Santa Catarina
Produção: Sinergia Comunicações Ltda.

Ecomuseu: Colônia de férias (1999)
Direção: Vinicius Ferreira
Realização: Itaipu Binacional.

Educação ambiental na escola e na comunidade: Lixo e água (1998)
Direção: Mauro Farias
Realização: Centro de Cultura, Informação e Meio Ambiente (Cima), Rio de Janeiro.

Educação ambiental no Parque Nacional da Serra do Cipó
Projeto Pepalantus Ecoturismo
Realização: Ibama – Núcleo de Educação Ambiental, Minas Gerais
Produção: Croma Imagem e Comunicação.

Gaia (1996)
Direção: Paula Saldanha e Roberto Werneck
Realização: RW Vídeo.

Vídeos

Galápagos, um mundo frágio (1995)
Realização: TV Cultura, São Paulo.

Garagem fechada (1996)
Direção: Iglésio Flora e Oscar Motta Mello Neto
Realização: Secretaria do Meio Ambiente/CEAM, São Paulo.

Gregório, o córrego indomado (1999)
Direção: Josette Monzani e José Braz Mania
Realização: Universidade de São Paulo – Centro de Divulgação Científica
e Cultural, São Carlos.

Líquido e certo (1997)
Direção: Iglésio Flora e Oscar Motta Mello Neto
Realização: Secretaria do Meio Ambiente (CEAM), São Paulo.

Lixo (1991)
Direção: Celso Maldos
Realização e produção: Fundação para o Desenvolvimento da Educação
(FDE), São Paulo.

No coração da mata: a água (1999)
Direção: Alex Fafe
Realização: Universidade Federal de Pernambuco (UFPE) – Coordenação
Geral.

O lixo (1999)
Realização: Secretaria do Meio Ambiente de Guarulhos e Escola Ennio
Chiesa.

O segredo do Delta (1995)
Realização: TV Cultura, São Paulo.

Os pequenos leões da Mata Atlântica (1993)
Direção: Carlos Alberto Vicalvi
Realização: TV Cultura, São Paulo.

Paisagem brasileira
Direção: Haroldo Palo Jr.
Realização: Fundação O Boticário de Proteção à Natureza
Produção: Haroldo Palo Jr. – Fotografia de Natureza.

Pedra Podre (1990)
Direção: Eve Lis e Silva, Lígia Girão, Stela Grisotti e Walter Beher
Realização: Uzina Vídeo.

Semiótica aplicada

Porto Alegre mais verde (1998)
Direção: Eduardo Peixoto
Realização: SMAM, Rio Grande do Sul
Produção: E. P. Produções.

Projeto Brejo de Altitudes
Direção: Alex Fafe
Realização: Universidade Federal de Pernambuco (UFPE) – Coordenação Geral.

Projeto de Educação Ambiental Pontal Verde (1999)
Realização: Secretaria do Meio Ambiente/CEAM, Itesp, São Paulo.

Rio das Contas: potencialidade e poluição
Direção: Domingos Ailton Ribeiro de Carvalho
Realização e produção: Grupo Ecológico Rio das Contas (Gerc), Jequié, Bahia.

Rio Iguaçu, da glória à agonia
Realização: Emater, Paraná.

Série "Documentos Especiais" – Amazônia, os novos guerreiros da floresta
Realização: TV Cultura, São Paulo.

Série "Relatório 2" – Paisagens submarinas
Realização: TV Cultura, São Paulo.

Série "São Paulo Rural" – Cultivo de plantas medicinais
Realização: TV Cultura, São Paulo.

Serra de Madureira (1991)
Realização: Cecip e TV Maxambomba.

Tom da mata – Mata Atlântica (1999)
Direção: Selma Santa Cruz e Sérgio Motta Mello
Realização: Fundação Roberto Marinho
Produção: TV1, São Paulo.

Tupãciretã: Pantanal ferido (1995)
Realização: TV Cultura, São Paulo.

Vira-volta (1994)
Direção: Renato Barbieri
Realização: Instituto 5 Elementos, Vega Sopave.